Grundlagen des Sozialstaats

Mönchengladbacher Gespräche

18

Veröffentlichungen der

Katholischen Sozialwissenschaftlichen Zentralstelle

Mönchengladbach

Anton Rauscher, Hg.

Grundlagen des Sozialstaats

J. P. Bachem Verlag Köln

Die Deutsche Bibliothek – CIP-Einheitsaufnahme

Grundlagen des Sozialstaats /
Anton Rauscher, (Hg.) – Köln : Bachem, 1998
(Mönchengladbacher Gespräche ; 18)
ISBN 3-7616-1383-0
NE: Rauscher, Anton [Hrsg.]; Mönchengladbacher Gespräch:
Mönchengladbacher Gespräche

Einbandentwurf: Bettina Dyhringer, Köln
Satz und Layout: Katholische Sozialwissenschaftliche Zentralstelle
Mönchengladbach
Druck: Druckerei J. P. Bachem GmbH & Co. KG Köln
Printed in Germany
ISBN 3-7616-1383-0

Inhalt

Vorwort

Die Sozialethiker-Tagung hat sich bereits mehrmals in den zurückliegenden Jahren mit aktuellen Fragen und Problemstellungen in Wirtschaft und Gesellschaft befaßt. Als die Thematik der diesjährigen Zusammenkunft festgelegt wurde, konnte man kaum vorhersehen, in welche Schwierigkeiten und Diskrepanzen der Sozialstaat geraten würde. Weil keine Wende bei der Arbeitslosigkeit in Sicht ist und diese trotz des wieder wachsenden Bruttosozialprodukts, anstatt zu sinken, weiter angestiegen ist, stößt auch der Sozialstaat verstärkt an seine Grenzen. Dies betrifft sowohl die Sicherung der Altersrenten und die Funktionsfähigkeit unseres Gesundheitswesens als auch die Ausgaben für die Arbeitslosen und die Aufwendungen für Sozialhilfe auf verschiedenen Feldern. Bisher hat man zahlreiche Korrekturen, Kürzungen und Einsparungen bei den sozialen Sicherungssystemen vorgenommen. Aber nur wenn es gelänge, die Massenarbeitslosigkeit abzubauen, würde sich die Situation entspannen.

In den Medien richtet sich die Aufmerksamkeit immer häufiger auf andere Länder. Warum sind Staaten wie die Niederlande, die Schweiz, die USA - von den aufstrebenden Ländern in Asien gar nicht zu reden - sehr viel erfolgreicher im Kampf gegen die Arbeitslosigkeit, insbesondere gegen die Langzeitarbeitslosigkeit? Immer häufiger wird die Frage gestellt: Was ist bei uns schief gelaufen? Wo sollen, wo müssen wir ansetzen?

In dieser Situation ist es wichtig, den Blick nicht nur auf den vorrangigen Reformbedarf des Sozialstaats zu lenken, sondern sich auch bewußt zu werden der Anfänge, der historischen Weichenstellungen und der Entwicklungstendenzen des deutschen Sozialstaats, der immer noch in der Welt einen guten Klang hat. Die großen sozialen Sicherungssysteme haben sich in ihrem

Kern bewährt, auch wenn die veränderten Rahmenbedingungen eine Anpassung erzwingen. Diese darf nicht mehr länger hinausgeschoben werden, wenn unser Land nicht zurückfallen soll. Eine leistungsfähige Wirtschaft und eine gerechte Sozialordnung bedingen sich gegenseitig. Es hat sich immer als ein Fehler erwiesen, wenn man die Wirtschaftsfähigkeit zu Lasten der sozialen Sicherheit, oder umgekehrt die soziale Sicherheit zu Lasten der Wirtschaft forcieren zu müssen meinte. Aber ebenso wie sich alle, die in der Wirtschaft tätig sind, an die neuen Bedingungen, die seit der historischen Wende 1989/90 eingetreten sind, anpassen müssen, so können auch die sozialen Strukturen nicht dieselben bleiben. Auch jetzt muß ein gesundes Wechselverhältnis angestrebt werden. Hoffentlich gelingt es, diese Aufgaben ohne größere Verwerfungen zu lösen. Die christliche Gesellschaftslehre ist ihrerseits verpflichtet, die Wege dafür zu bereiten.

Mönchengladbach, im Oktober 1997 Anton Rauscher

Begrüßung durch den Bürgermeister der Stadt Mönchengladbach

Zur Eröffnung der Sozialethiker-Tagung begrüße ich Sie hier im Ratssaal des Rathauses Abtei recht herzlich und überbringe Ihnen in Vertretung des Herrn Oberbürgermeisters herzliche Willkommensgrüße der Stadt Mönchengladbach.

Dieses Gebäude, in dem Sie heute, morgen und übermorgen tagen, war bis 1802 ein Kloster, welches im Jahre 974 von Benediktinermönchen gegründet wurde, und das Jahr 974 ist auch das Gründungsjahr unserer Stadt.

Das Thema der diesjährigen Sozialethiker-Tagung lautet: „Grundlagen des Sozialstaats". Es geht um das Grundproblem: Welche Reformen müssen vorgenommen werden, damit der Sozialstaat in Zukunft funktionsfähig bleibt und die Aufgaben erfüllen kann, für die er ursprünglich gedacht war? Es wird über die Anfänge des deutschen Sozialstaates, die soziale Sicherung, über Strukturfragen im Sozialhilfebereich und vieles mehr referiert werden.

Das Sozialstaatsgebot ist in unserem Grundgesetz verankert, jedoch ohne konkrete Beschreibung; und so geht die vorherrschende Meinung lediglich von Mindestverpflichtungen aus. Deshalb wurde hier eine konkrete Ausgestaltung erforderlich. Dies geschah und geschieht immer noch durch die Gesetzgebung im sozialen Bereich. Durch den Ausbau des Sozialstaates wurden zahlreiche Probleme gelöst.

Auch in einem vereinten Europa gewinnt die überstaatliche Gesetzgebung im Sozial- und Arbeitsrecht immer mehr an Bedeutung. Für die Menschen in unserem Land sind die soziale Sicherheit, das Vertrauen in den Sozialstaat, in die politische Stabilität der sozialen Sicherung von größter Bedeutung. Die Sozialpolitik verläuft parallel zur Wirtschaftsentwicklung, und das hat ja bekanntlich entsprechende Auswirkungen: Die Lage hat sich zugespitzt, und viele neue Wege werden aufgezeigt. Mit anderen Worten, der Umbau des Sozialstaates ist im Gange, und viele Architekten sind sowohl am Entwurf als auch am Bau beteiligt.

In den Thesen der deutschen Nationalstiftung zur sozialen und ökonomischen Entwicklung in Deutschland heißt es: „Nur eine sozial befriedete Gesellschaft wird auf Dauer effizient sein. Sozial befriedet ist aber die Gesellschaft nur dann, wenn das Solidarprinzip funktioniert.“ Heute bedroht die Verarmung zunehmend auch Menschen, deren Einkommen vor 15 Jahren noch als sicher galt. Solidarität mit den Schwachen kann in einer Gesellschaft nur durch soziale Politik erreicht werden. So muß gemeinsam nach neuen Lösungen gesucht werden. Die Sozialpolitik braucht neue und feste Fundamente, damit das soziale Netz stabil bleibt.

Mögen Sie durch diese Tagung viel Positives auf der Suche nach dem richtigen Weg beitragen. Ich danke Ihnen.

Hans Günter Steins

Gerhard A. Ritter

Der deutsche Sozialstaat

Anfänge, historische Weichenstellungen und Entwicklungstendenzen

Der moderne Sozial- oder Wohlfahrtsstaat geht auf das 19. Jahrhundert zurück. Er war letztlich eine Konsequenz der Auflösung von Ständegesellschaft und Zunftverfassung sowie des Bedeutungsverlusts der Familie als Produktionsgemeinschaft und als Institution zur Vorsorge gegen Not. Bevölkerungswachstum, Marktorientierung, Industrialisierung, Urbanisierung und Binnenwanderung sowie die damit verbundenen Gefährdungen der politischen und sozialen Ordnung verstärkten noch die Notwendigkeit neuer sozialer Absicherung. Die Deregulierung der traditionellen Sozial- und Wirtschaftsverfassung nach 1800 und die allmähliche Durchsetzung einer liberal-kapitalistischen Marktwirtschaft setzten ungeheure Produktionskräfte frei, erhöhten aber auch die Existenzunsicherheit der aus alten Bindungen entlassenen, dem erhöhten Unfallrisiko der Maschinenarbeit, der Gefahr der Arbeitslosigkeit aufgrund von Konjunkturschwankungen und dem Elend bei Invalidität und Alter zunächst schutzlos ausgesetzten Menschen - vor allem der Arbeiter.

Der moderne Sozialstaat mit seiner erneuten Regulierung wichtiger Teile der Arbeits- und Lebensbedingungen der Arbeiter und später immer weiterer Kreise der Bevölkerung ist ein Versuch, die soziale Existenz der von diesem umfassenden Wandel betroffenen Menschen zu sichern und so gleichzeitig die bestehende Ordnung von Gesellschaft, Wirtschaft und Staat gegen revolutionäre Umbrüche zu schützen. Er hat damit in den letzten hundert Jahren zur Lebensfähigkeit und Legitimation moderner Industriestaaten wesentlich beigetragen.

Allerdings zeigt ein Vergleich der europäischen und außereuropäischen Industriestaaten, daß es keinen „Königsweg" der Sozialpolitik und des Sozialstaates gibt.[1] Die Bedeutung und der Charakter etwa der Arbeiterschutzmaßnahmen, die Rolle von Selbsthilfeorganisationen der Arbeitnehmer oder der Staatshilfe, die Akzentuierung von Fürsorge, staatlicher Versorgung oder verschiedenen Formen freiwilliger oder obligatorischer Sozialversicherung, der Kreis der erfaßten Personen im System der sozialen Sicherheit sowie dessen Organisation und Finanzierung sind durchaus unterschiedlich. Das gleiche gilt für das Verhältnis von Eigenvorsorge, betrieblicher Absicherung und staatlichen Unterstützungssystemen, die spezifische Mischung privater, oft durch Wohlfahrtsverbände organisierter, kommunaler oder zentralstaatlicher Hilfe bei sozialen Notlagen und das System der Arbeitsbeziehungen und seine Regelung im Arbeitsrecht.

Die neuere Forschung hat dabei gezeigt, wie groß die „Pfadabhängigkeit" der einzelnen Systeme, die Bedeutung der Grundentscheidungen in der Entstehungsphase eines Sozialstaates, für dessen spätere Entwicklung gewesen ist und wie stark sie oft auch noch die gegenwärtigen Probleme bestimmt.

I.

Deutschland ist etwa auf dem Gebiet des Arbeitsschutzes, des gesetzlichen Schutzes gegen überlange Arbeitszeiten oder gesundheitsschädliche Arbeitsbedingungen, oder in der Entwicklung eines dem Wandel der wirtschaftlichen Verhältnisse angepaßten modernen Sy-

---

[1] Vgl. Florian Tennstedt, Wohlfahrtspolitische Forderungen und Fortschritte im Deutschen Kaiserreich: Anlässe, Beweggründe und wechselseitige Ergänzungen, in: Zeitschrift für Sozialreform 34, 1988, S. 126-140.

stems der Arbeitsbeziehungen und der es regelnden Rechtsnormen zunächst weit hinter Großbritannien, aber auch anderen europäischen Staaten zurückgeblieben. Dagegen gilt es mit der Schaffung der ersten obligatorischen Sozialversicherung auf gesamtstaatlicher Ebene in den 1880er Jahren gegen Krankheit, Unfall, Invalidität und Alter zu Recht als das Pionierland in der Entwicklung eines modernen, die alte diskriminierende Armenhilfe zwar nicht vollständig ersetzenden, aber doch an den Rand drängenden Systems der sozialen Sicherheit.

Wieso ist es zu dieser Vorreiterrolle Deutschlands, das in der industriellen Entwicklung zunächst hinter Großbritannien, Belgien, der Schweiz und Frankreich lag, gekommen?[2] Eine wichtige Rolle spielte die Stärke älterer voremanzipatorischer wohlfahrtsstaatlicher Ideen und Praktiken und die in der deutschen Tradition tief verwurzelte Konzeption der Reform von oben sowie die damit zusammenhängende interventionistische Praxis und das große Prestige der staatlichen Bürokratie. Weiter muß hier die im Vergleich zu westeuropäischen Staaten gegebene Schwäche des politischen und ökonomischen Liberalismus, die den Ideen des Laissez faire und der individuellen und der kollektiven Selbsthilfe keine größere Tragfähigkeit verlieh, erwähnt werden. Dazu kommt die starke sozialreformerische Tradition im deutschen Katholizismus, die etwa durch die Namen Franz Xaver von Baader, Joseph Ritter von Buß, Präsident des ersten deutschen Katholikentages in Mainz 1848, Adolph Kolping, und vor allem Bischof Freiherr von Ketteler repräsentiert wird. In der Politik hat die deutsche Zentrumspartei seit dem Antrag Galen 1877 die Sozialreform zu einem ihrer zentralen Anliegen gemacht und mit der Gründung des „Volksvereins für das katholische Deutschland“ 1890 und dessen Ge-

---

2 Vgl. dazu Gerhard A. Ritter, Der Sozialstaat. Entstehung und Entwicklung im internationalen Vergleich, 2. Aufl., München 1991.

schäftsstelle hier in Mönchengladbach einen Kristallisationspunkt vielfältiger sozialpolitischer Aktivitäten geschaffen. Die katholische Soziallehre hat insbesondere mit der Idee des Solidarismus und dem Subsidiaritätsprinzip, der Betonung des Gemeinwohls und der sozialen Verpflichtung des Eigentums die geistigen Fundamente des heutigen deutschen Sozialstaates wesentlich mitgeprägt. Aber auch die z.T. mit dem sozialen Protestantismus verbundene bürgerliche Sozialreform, für die hier nur der 1844 gebildete „Centralverein für das Wohl der arbeitenden Klassen", der 1872 durch die sogenannten Kathedersozialisten gegründete „Verein für Socialpolitik", die 1901 als Instrument zur direkten Beeinflussung der staatlichen Gesetzgebung geschaffene „Gesellschaft für Soziale Reform" sowie Lorenz von Stein als einflußreicher Vordenker der Idee des sozialen Königtums genannt werden sollen, war in Deutschland besonders stark entwickelt.[3]

Ein wesentlicher Grund für Deutschlands Pionierrolle beim Aufbau eines modernen Systems sozialer Sicherheit war schließlich auch die im europäischen Vergleich sehr frühe politische Mobilisierung der überwiegenden Teile der gewerblichen Arbeiterschaft in einer seit 1875 vereinigten sozialistischen Partei. Wenn auch neuere Forschungen, vor allem von Florian Tennstedt gezeigt haben,[4] daß jedenfalls bei Bismarck kein unmit-

---

[3] Vgl. zur sozialreformerischen Tradition des deutschen Katholizismus, zum sozialen Protestantismus und zur bürgerlichen Sozialreform: Gerhard A. Ritter, Zur Geschichte der sozialen Ideen im 19. und 20. Jahrhundert, in: Bernd v. Maydell/Walter Kannengießer (Hg.), Handbuch Sozialpolitik, Pfullingen 1988, S. 12-65, bes. S. 44-61; Rüdiger vom Bruch (Hg.), Weder Kommunismus noch Kapitalismus. Bürgerliche Sozialreform in Deutschland vom Vormärz bis zur Ära Adenauer, München 1985.

[4] Vgl. Quellensammlung zur Geschichte der Deutschen Sozialpolitik 1867 bis 1914, begründet von Peter Rassow, im Auftrage der Historischen Kommission der Akademie der Wissenschaften und der Literatur hg. von Karl Erich Born/

telbarer Zusammenhang zwischen dem Sozialistengesetz von 1878 und den erst im Sommer 1880 einsetzenden konkreten Vorarbeiten zu den Arbeiterversicherungsgesetzen bestand, so war doch die Integration der Arbeiter in Staat und Gesellschaft unter Lösung ihrer Bindungen zu den sozialistischen Organisationen und den sozialistischen Führern ein durchgehendes strategisches Ziel der Politik Bismarcks seit der Reichsgründung. Nicht zufällig waren daher auch nicht die Armen, sondern die vor allem von der Sozialdemokratie erfaßten, aufgrund ihrer relativ dauerhaften Beschäftigung aber auch besonders versicherungsfähigen gewerblichen Arbeiter die ersten und wichtigsten Adressaten der Sozialversicherungsgesetze. Allerdings spielten für Bismarck auch christlich-konservative Gesinnungen, die Hoffnung, mit Hilfe der Sozialgesetze die Liberalen zu schwächen, vor allem aber der Druck konkreter sozialer Probleme eine ganz wesentliche Rolle.

Der Durchbruch zum modernen Sozialstaat auf dem Gebiet der sozialen Sicherheit erfolgte in Deutschland mit den sich über vier Jahre erstreckenden scharfen Auseinandersetzungen über die Schaffung einer Unfallversicherung. Dabei hat Bismarck unter Ablehnung aller traditionellen Vorstellungen, die auf dem Prinzip der Haftung für Unfälle beruhten, gegen erhebliche Widerstände in der Beamtenschaft und bei den Parteien des Reichstages schließlich im dritten Anlauf eine auf Berufsgenossenschaften der Unternehmer beruhende und

---

Hansjoachim Henning/Florian Tennstedt. I. Abt.: Von der Reichsgründungszeit bis zur Kaiserlichen Sozialbotschaft (1867-1881), Bd. 2: Von der Haftpflichtgesetzgebung zur Ersten Unfallversicherungsvorlage, bearb. von Florian Tennstedt und Heidi Winter unter Mitarb. von Heinz Domeinski, Stuttgart/Jena/New York 1993, Einleitung, S. XXVIIIf.; Florian Tennstedt/Heidi Winter, „Der Staat hat wenig Liebe - activ wie passiv". Die Anfänge des Sozialstaats im Deutschen Reich von 1871. Ergebnisse archivalischer Forschungen zur Entstehung der gesetzlichen Unfallversicherung, in: Zeitschrift für Sozialreform 39, 1992, S. 362-392.

von ihnen allein finanzierte Unfallversicherung mit Hilfe eines klerikal-konservativen Kompromisses im Reichstag 1884 durchgesetzt.[5] Der Vorsitzende der Reichstagsfraktion des Zentrums, der bayerische Grandseigneur Freiherr von Franckenstein, hat dabei eine ähnlich entscheidende und historisch wohl auch nicht weniger bedeutsame Rolle gespielt wie bei der Durchsetzung des mit der berühmten Franckensteinschen Klausel verbundenen Zolltarifs von 1879.[6]

Die Gegenposition zu Bismarck, der für die tieferen, auf soziale und politische Emanzipation zielenden Bestrebungen der Arbeiterbewegung kein Verständnis hatte, wurde in den 1870er und 1880er Jahren vor allem von Theodor Lohmann, dem führenden Mitarbeiter, aber auch Gegenspieler Bismarcks in der Ausarbeitung der sozialpolitischen Gesetzgebung in der Beamtenschaft, vertreten. Lohmann, ein nach Berlin versetzter, früherer hannoveranischer Beamter und tief religiöser Lutheraner, wurde in seinem Konzept einer „versöhnenden Arbeiterpolitik" stark von Lorenz von Steins Idee einer grundlegenden Sozialreform zur Verhinderung einer sozialen Revolution geprägt. Er betonte das Prinzip der Selbsthilfe und Selbstverwaltung, den Gedanken einer partnerschaftlichen Zusammenarbeit von Arbeitgebern und Arbeitern und war bereit, freien Kassen der Arbeiter weiten Raum zur Entfaltung zu geben, Gewerkschaften unter bestimmten Bedingungen die Rechte juristischer Personen zuzugestehen und öffentlich anerkannte Arbeiterkammern als Interessenvertretung der Arbeiter parallel zu den bereits bestehenden Handelskammern zu schaffen. Seine von Bismarck abweichen-

---

[5] Vgl. Quellensammlung (wie Anm. 4), II. Abt.: Von der Kaiserlichen Sozialbotschaft bis zu den Februarerlassen Wilhelms II. (1881-1890), Bd. 2, Teilbd. 1: Von der Zweiten Unfallversicherungsvorlage bis zum Unfallversicherungsgesetz vom 6. Juli 1884. Bearb. von Florian Tennstedt u. Heidi Winter unter Mitarb. von Heinz Domeinski u. Elmar Roeder, Stuttgart/Jena/New York 1995, S. 600-623.

[6] Ebda., Einleitung, S. XXXI.

den Ideen etwa zum Ausbau des Arbeiterschutzes hat er auch in anonymen Zeitungsartikeln und geheimen Kontakten zu Reichstagsabgeordneten vertreten.[7]

Als Ursache für Lohmanns schließlichen Bruch mit Bismarck wurde bisher vor allem seine Ablehnung der Bildung von Zwangsgenossenschaften angeführt. Die jetzt neu edierten Quellen zur Sozialpolitik der Bismarckzeit zeigen jedoch, daß daneben auch grundlegende Differenzen über die Finanzierung der Unfallversicherung bestanden. Bismarck setzte sich vor allem zur Reduzierung der Lasten der Industrie in den ersten Jahren nach Schaffung der Versicherung für ein Umlageverfahren ein. Kennzeichnend für seine Auffassung vom Staat und von Korporationen ist die folgende das Umlageverfahren rechtfertigende Randbemerkung: „Die Gesamtbelastung wird dieselbe bleiben, die später leichter zu tragen. Der Wechsel der Individuen ist irrelevant, findet in allen staatlichen Verhältnissen statt. Die Corporation; moral[ische] Person, ist permanent wie der Staat."[8] Auch sei es verfehlt, in der Politik zu weit in die Zukunft zu planen. „Jeder Tag habe seine eigenen Sorgen, und es sei nicht weise, die Sorgen der Zukunft freiwillig auf die Gegenwart zu übernehmen."[9]

---

7 Vgl. Florian Tennstedt, Sozialreform als Mission. Anmerkungen zum politischen Handeln Theodor Lohmanns, in: Jürgen Kocka/Hans-Jürgen Puhle/Klaus Tenfelde (Hg.), Von der Arbeiterbewegung zum modernen Sozialstaat. Festschrift für Gerhard A. Ritter zum 65. Geburtstag, München 1994, S. 539-559; zu Lohmann vgl. weiter Hans Rothfels (Bearb.), Theodor Lohmann und die Kampfjahre der staatlichen Sozialpolitik 1871-1905, Berlin 1927; Lothar Machtan (Hg.), Mut zur Moral. Aus der privaten Korrespondenz des Gesellschaftsreformers Theodor Lohmann, Bd. 1 (1850-1883), Bremen 1995.

8 Randbemerkung Bismarcks zu den am 28.2.1882 von Lohmann abgefaßten „Grundzügen" für die II. Unfallversicherungsvorlage, in: Quellensammlung, II. Abt., Bd. 2.1 (wie Anm. 5), S. 171.

9 Diese Äußerung Bismarcks, mitgeteilt von Karl Gamp, findet sich in: Heinrich von Poschinger, Fürst Bismarck und der

Lohmann dagegen bestand nach den traditionellen Grundsätzen der Versicherungswirtschaft und der Versicherungswissenschaft auf einem Kapitaldeckungsverfahren und sah zudem, daß wegen der Belastung mit hohen Rentenansprüchen ohne eine entsprechende Kapitaldeckung eine spätere Auflösung und freiwillige Neubildung der auch von ihm grundsätzlich bejahten Berufsgenossenschaften faktisch unmöglich war.[10]

Bismarck und Lohmann hatten aber auch eine grundsätzlich andere Auffassung von Sozialpolitik. Mit der erwähnten Deregulierung der Wirtschafts- und Sozialverfassung am Beginn des 19. Jahrhunderts war der Faktor Arbeit frei verfügbar geworden und hatte sich die Sozialbindung vor allem der gewerblich-industriellen Arbeiter auf den Austausch von Arbeitsleistung gegen Lohn reduziert. Die sozialen Folgekosten der Arbeit, wie sie etwa bei Unfall, Krankheit, Invalidität, Alter und Arbeitslosigkeit anfielen, wurden damit aus dem Produktionssystem hinausverlagert oder, wie es in dem von Hans F. Zacher entwickelten Fachbegriff heißt, externalisiert.[11] Lohmann wollte diesen Prozeß, der ent-

---

Bundesrat, Bd. 4, Stuttgart/Leipzig 1898, S. 308. Gamp war 1883 Geheimer Regierungsrat im preußischen Handelsministerium bzw. im Reichsamt des Innern und Mitverfasser des Entwurfs der Dritten Unfallversicherungsvorlage, die zur Grundlage des Unfallversicherungsgesetzes von 1884 wurde; zur Bedeutung des Umlageverfahrens für Bismarck vgl. weiter: Florian Tennstedt/Heidi Winter, „Jeder Tag hat seine eigenen Sorgen, und es ist nicht weise, die Sorgen der Zukunft freiwillig auf die Gegenwart zu übernehmen“ (Bismarck). Die Anfänge des Sozialstaats im Deutschen Reich von 1871, Teil 2, in: Zeitschrift für Sozialreform 41, 1995, S. 671-706.

[10] Vgl. Lohmanns Brief an Ernst Wyneken vom 5.10.1883 sowie seine kritische Stellungnahme zum Dritten Entwurf eines Unfallversicherungsgesetzes im Familiennachlaß, in: Machtan (Hg.), Mut zur Moral (wie Anm. 7), S. 635-640, 644.

[11] Vgl. zu dem Konzept der externalisierenden bzw. internalisierenden Lösungen im System der sozialen Sicherheit Hans F. Zacher, Grundtypen des Sozialrechts, in: ders., Abhandlungen zum Sozialrecht, hg. von Bernd Baron von Maydell

scheidend zur Existenzunsicherheit der Arbeiter beitrug, rückgängig machen, indem er einen Teil der Kosten in die Betriebe, die sich zur Reduzierung des Risikos des einzelnen Unternehmers freiwillig zusammenschließen sollten, zurückverlagerte, also internalisierte. Im Gegensatz zu Bismarck lehnte er daher auch die Beteiligung der Gesamtheit oder des Staates an der Dekkung der Kosten prinzipiell ab. Ein striktes Festhalten am Verursacherprinzip und der „Internalisierung" der sozialen Kosten der Arbeit im Sinne Lohmanns hätte jedoch nicht nur die für die Marktwirtschaft charakteristische autonome Orientierung betrieblicher Entscheidungen an Rentabilitätsgesichtspunkten der einzelnen Unternehmen und nicht an gesamtgesellschaftlichen Erfordernissen beeinträchtigt, sondern hätte wahrscheinlich auch den deutschen Sozialstaat in eine Sackgasse geführt. Mit der Sozialversicherung wurde die nach dem Verursacherprinzip zentrale Frage nach der individuellen Schuld und Verantwortung ausgeklammert und damit von bisher allgemein akzeptierten Rechtsgrundsätzen radikal abgewichen.

Man kann in Parenthese fragen, ob nicht auch im Umweltschutz das Festhalten am Verursacherprinzip bei Umweltproblemen angesichts der oft gegebenen Schwierigkeit, den Verursacher von Schäden eindeutig festzustellen, in eine Sackgasse geführt hat.[12] Andererseits muß man aufgrund der Entwicklungen der letzten Jahre wohl auch kritisch anmerken, daß die völlige Ignorierung der gesamtgesellschaftlichen Kosten betrieblicher Entscheidungen, wie sie etwa in der Ausnutzung der Vorruhestandsregelungen zum Abbau von Arbeits-

---

und Eberhard Eichenhofer, Heidelberg 1993, S. 257-278, bes. S. 262-264.

[12] Vgl. dazu auch Franz Josef Brüggemeier, Eine Kränkung des Rechtsgefühls? Soziale Fragen, Umweltprobleme und Verursacherprinzip im 19. Jahrhundert, in: Geschichte und Gesellschaft, Sonderheft 15: Umweltgeschichte, hg. von Werner Abelshauser, Göttingen 1994, S. 106-142.

kräften, der Verlagerung der Produktion in Billiglohnländer, der Weigerung, Lehrlinge auszubilden und Frauen mit kleinen Kindern zu beschäftigen, liegen, zur gegenwärtigen Krise des Sozialstaates beigetragen hat. Die Sozialpflichtigkeit des Eigentums ist daher ein notwendiges Gegengewicht gegen die radikalen Tendenzen zur Externalisierung der sozialen Kosten der Arbeit.

Noch vor der schließlichen Verabschiedung des Unfallversicherungsgesetzes wurde 1883 für weite Teile der Bevölkerung eine sofort recht populäre obligatorische Krankenversicherung und durch Gesetz von 1889 eine zunächst - unter anderem wegen der mit 70 Jahren sehr hohen Altersgrenze, der Geringfügigkeit der Leistungen und ihrer bürokratischen Organisation - mit viel Mißtrauen betrachtete Invaliditäts- und Altersversicherung eingeführt.

Das Kennzeichen der deutschen Sozialversicherung, das sie entscheidend von der vom einzelnen nicht einklagbaren und mit dem Verlust des Wahlrechts verbundenen Armenhilfe unterscheidet, war der Rechtsanspruch des Versicherten auf Hilfe der Gesamtheit bei bestimmten sozialen Notlagen. Damit wurde auch die Stellung der Versicherten als Staatsbürger gestärkt. Weitere Charakteristika des deutschen Sozialversicherungssystems waren der Versicherungszwang für die erfaßten Bevölkerungskreise, die öffentlich-rechtliche Organisation der Versicherungen und der Ausschluß aller Privatversicherungen, die enge Bindung der Versicherungen an die Erwerbstätigkeit und ihre weit überwiegende Finanzierung durch Beiträge der Arbeitgeber und Arbeitnehmer mit der Ausnahme des Reichszuschusses für die Rentenversicherung. Die Folge war eine Staffelung der Beiträge und Leistungen und eine im internationalen Vergleich relativ geringe Wirkung der deutschen Sozialversicherung als Instrument der Einkommensumverteilung.

Anders als im deutschen Modell spielte z. B. in Großbritannien, Frankreich und Spanien zunächst die staatliche Regulierung oder Subventionierung freiwilliger Versicherungen eine wesentliche Rolle. Weiter wichen bereits vor dem Ersten Weltkrieg in Europa Dänemark und später auch Großbritannien vom deutschen System der Rentenversicherung ab, indem sie, ähnlich wie in Bismarcks ursprünglichen, vom Reichstag durch die Ablehnung eines Tabakmonopols des Reiches torpedierten Plänen,[13] in Weiterentwicklung der traditionellen Armenhilfe anstelle einer Altersversicherung eine allein aus Steuermitteln finanzierte staatliche Altersversorgung mit gleichen Leistungen für die unterstützungsbedürftigen und unterstützungswürdigen Bürger schufen. In Schweden wurde über das deutsche Vorbild hinausgehend 1913 eine Rentenversicherung für alle Staatsbürger eingerichtet, in der die erheblichen Zuschüsse des Staates vor allem den Bedürftigen zugute kommen sollten. Die beiden Grundmodelle - Altersversorgung durch den Staat oder Altersversicherung im Rahmen staatlicher Gesetze bzw. Gesundheitsdienst oder gesetzliche Krankenversicherung im Bereich des Gesundheitswesens - haben die Entwicklung der Systeme sozialer Sicherheit bis in unsere Gegenwart bestimmt. Während das Versorgungsprinzip von der Gewährleistung eines wie immer definierten Mindestlebensstandards ausgeht, gibt das Versicherungsprinzip grundsätzlich die Möglichkeit, durch unterschiedliche Beiträge auch Leistungen zu erbringen, die über die Gewährung eines Mindesteinkommens etwa durch eine Grundrente hinausgehen und die Erhaltung des gewohnten Lebensstandards im Alter oder bei sozialen Lebenskrisen zum Ziel haben.

Davon konnte allerdings in Deutschland vor 1914 angesichts der geringen Leistungen vor allem der Rentenversicherung, die eine Ergänzung der Rente durch eigene kleinere Arbeiten, durch Unterstützung von Familienangehörigen oder durch die Armenhilfe weiter

---

[13] Vgl. Gerhard A. Ritter, Sozialversicherung in Deutschland und England. Entstehung und Grundzüge im Vergleich, München 1983, S. 34, 38f.

nötig machten, noch keine Rede sein.[14] Trotzdem trat durch die Sozialversicherung eine wesentliche Verbesserung der Lebensverhältnisse der erfaßten Bevölkerungsgruppen, vor allem der Arbeiter, ein.

Einen gewissen Abschluß erreichte die Versicherungsgesetzgebung des Kaiserreiches durch das Angestelltenversicherungsgesetz von 1911, das aufgrund des Drucks einer seit Ende des 19. Jahrhunderts aufkommenden Angestelltenbewegung eine gesonderte Renten- und Hinterbliebenenversicherung für Angestellte mit höheren Leistungen und Beiträgen als denen der Arbeiterversicherung schuf.[15] Die Angestelltenversicherung wurde zum Modell, an dem sich in Zukunft alle Forderungen zur Verbesserung der Arbeiterversicherung und zur Gleichstellung der Arbeiter mit den Angestellten in der Sozialversicherung, die erst in der Bundesrepublik schrittweise erreicht wurde, orientieren sollten. Gleichzeitig wurden die bestehenden Sozialversicherungen durch die Reichsversicherungsordnung von 1911 kodifiziert und ergänzt. Durch die RVO erhielten erstmals wenigstens die *invaliden* Arbeiterwitwen, die keine eigenen Versicherungsansprüche hatten, vom versicherten Ehepartner abgeleitete Renten. Dagegen gab es im Kaiserreich noch keine staatliche Arbeitslosenversicherung und auch die kommunale Unterstützung der von vielen Gewerkschaften seit der Jahrhundertwende geschaffenen Arbeitslosenversicherungen für ihre Mitglieder nach dem sogenannten Genter Modell blieb in Deutschland auf wenige Städte beschränkt.[16]

---

[14] Vgl. Heinz Reif, Soziale Lage und Erfahrungen des alternden Fabrikarbeiters in der Schwerindustrie des westlichen Ruhrgebietes während der Hochindustrialisierung, in: Archiv für Sozialgeschichte 23, 1982, S. 1-94, bes. S. 93f.

[15] Vgl. Barbara Bichler, Die Formierung der Angestelltenbewegung im Kaiserreich und die Entstehung des Angestelltenversicherungsgesetzes von 1911, Frankfurt am Main 1997.

[16] Vgl. Hansjoachim Henning, Arbeitslosenversicherung vor 1914: Das Genter System und seine Übernahme in Deutschland, in: Hermann Kellenbenz (Hg.), Wirtschaftspolitik und

Die sozialpolitischen Hauptentwicklungen nach Bismarcks Sturz 1890, die wir hier nur andeuten können, lagen im Ausbau von Arbeiterschutz und Gewerbeinspektion, in der Schaffung von Gewerbegerichten zur Rechtsprechung über Streitfragen, die sich aus dem individuellen Arbeitsverhältnis ergaben, der Errichtung von fakultativen, später für den Bergbau obligatorischen Arbeiterausschüssen als erstem Ansatz einer betrieblichen Mitbestimmung von Arbeitnehmern, in Bemühungen zur Organisation des Arbeitsmarktes, vor allem durch kommunale Arbeitsnachweise, in Ansätzen zur Weiterentwicklung der Armenhilfe zur Fürsorge durch stärkere Differenzierung nach den Ursachen der Bedürftigkeit und den Empfängern von Fürsorgeleistungen sowie im Beginn einer zunehmend von Frauen getragenen Professionalisierung der Sozialarbeit. Neben freien, meist weltanschaulich ausgerichteten Wohlfahrtsorganisationen, wie der katholischen Caritas mit ihrer Vielzahl von lokalen Vereinen und ehrenamtlichen Kräften, spielten die Kommunen nun in der Weiterentwicklung der Sozialpolitik die entscheidende Rolle. Die Entwicklung zur „Wohlfahrtstadt",[17] die allerdings auch mit Tendenzen zur Biologisierung des Sozialen auf die spätere NS-Politik hinweist, geht so auf die Zeit des späten Kaiserreiches zurück, wenn auch deren endgültiger Durchbruch erst im Ersten Weltkrieg und vor allem in der Weimarer Republik erfolgte. Typisch dafür sind die nicht mehr mit sozialen und politischen Diskriminierungen verbundene Entstehung einer Kriegsfürsorge für die Familien und Hinterbliebenen

---

Arbeitsmarkt, München 1994, S. 271-287; George Steinmetz, Regulating the Social. The Welfare State and Local Politics in Imperial Germany, Princeton 1993, S. 203-213.

[17] Prägung des Begriffs durch Wilfried Rudloff, Soziale Aufgaben in der Wohlfahrtstadt. Ernährungs-, Fürsorge- und Wohnungspolitik in München 1910-1933. Diese Münchner Dissertation wird in der Schriftenreihe der Historischen Kommission bei der Bayerischen Akademie der Wissenschaften veröffentlicht.

von Soldaten, die Gewährung einer gesonderten, gehobenen Fürsorge für Sozialrentner und Kleinrentner, die ihre Ursache in der Zahlungsunfähigkeit der Invaliditäts- und Altersversicherung bzw. im Verlust vieler privater Vermögen in der Inflation hatte, sowie die Herausbildung einer Erwerbslosenfürsorge.

Aber auch auf dem Gebiet der kollektiven Arbeitsbeziehungen deuten sich durch die allmähliche Ausdehnung des Tarifvertragswesens und die langsame Herausbildung eines Arbeitsrechts seit der Jahrhundertwende wesentliche Neuerungen an, die schließlich in der berühmten Tarifsvertragsordnung vom 23.12.1918[18] ihre rechtliche Fixierung fanden.

II.

Mit der Revolution und der Entstehung der Weimarer Republik nach dem Ende des Ersten Weltkrieges erfolgte in Deutschland ein weiterer qualitativer Sprung in der Entwicklung des Sozialstaates. Während die Sozialpolitik des Kaiserreiches von paternalistischem Fürsorgedenken und antigewerkschaftlichen Tendenzen geprägt worden war und der Stabilisierung des bestehenden Obrigkeitsstaates dienen sollte, wollte der Weimarer Sozialstaat die neue Demokratie sozial absichern. Dabei hat Deutschland mit der Verankerung eines umfassenden Katalogs sozialer Grundrechte in der Verfassung, der die traditionellen liberalen Grundrechte ergänzte, erneut eine Pionierrolle in der Entwicklung des Sozialstaates in Europa und der Welt gespielt. Neu war dabei insbesondere, daß die Verfassung dem einzelnen einen Anspruch auf Arbeit oder Unterhalt gewährleistete. Allerdings blieb dieses wie die anderen sozialen Grundrechte der Verfassung ein Programm, dessen Verwirklichung - im Gegensatz zu den sehr viel weniger weitgehenden sozialen Grundrechten des Grundgeset-

[18] Reichs-Gesetzblatt 1918, S. 1456f.

zes von 1949 - nicht vor Gericht eingeklagt werden konnte.

Eine radikale Neuerung stellte auch die in der Verfassung fixierte Verbindung der Idee des Sozialstaates mit dem Konzept einer modernen, pluralistischen, auf Interessenwahrung organisierter ökonomischer und sozialer Kräfte beruhenden Gesellschaft dar. Damit wollte man soziale Konflikte entschärfen und rationalisieren. Ein Ausdruck dieser Vorstellungen, aber auch der in allen politischen Lagern, wenn auch aus unterschiedlichen Motiven, vertretenen Kritik an der Unfähigkeit der von politischen Parteien dominierten Parlamente zur sachgemäßen Lösung der sozialen und wirtschaftlichen Probleme des modernen Industrie- und Sozialstaates war die Schaffung einer Zentralarbeitsgemeinschaft und von Arbeitsgemeinschaften einzelner Industrien und Gewerbezweige durch die Gewerkschaften und die Organisationen der Arbeitgeber.[19] Auch die sog. „Verankerung des Rätewesens" im Artikel 165 der Reichsverfassung[20] steht vor diesem Hintergrund. Von den im Art. 165 vorgesehenen Interessenvertretungen der Arbeiter und Angestellten von der Betriebsebene bis zu einem Reichsarbeiterrat und deren Zusammengehen mit „Vertretungen der Unternehmer und sonst beteiligten Volkskreisen" in Bezirkswirtschaftsräten und einem Reichswirtschaftsrat im Rahmen einer neuen Wirtschaftsverfassung blieben schließlich nur die durch ein

---

[19] Vgl. die „Vereinbarung zwischen den Arbeitgeberverbänden und den Gewerkschaften" vom 15.11.1918 und die „Vorläufige Satzung für die Arbeitsgemeinschaft der industriellen und gewerblichen Arbeitgeber und Arbeitnehmer Deutschlands" vom 4.12.1918, abgedruckt in: Gerhard A. Ritter/Susanne Miller (Hg.), Die deutsche Revolution 1918-1919. Dokumente, 2. Aufl., Hamburg 1975, S. 237-241.

[20] Vgl. Gerhard A. Ritter, Die Entstehung des Räteartikels 165 in der Weimarer Reichsverfassung, in: ders., Arbeiter, Arbeiterbewegung und soziale Ideen in Deutschland. Beiträge zur Geschichte des 19. und 20. Jahrhunderts, München 1996, S. 227-253, 370-378.

Gesetz von 1920 geschaffenen Betriebsräte und ein faktisch einflußloser Vorläufiger Reichswirtschaftsrat übrig. Auch die von vornherein von Teilen der organisierten Arbeiterschaft und der Unternehmer abgelehnte Zusammenarbeit von Gewerkschaften und Arbeitgeberorganisationen bei der Demobilmachung, der Sicherung der Vollbeschäftigung und der Wiedergewinnung der deutschen Märkte im Ausland in den ersten Jahren nach dem Krieg machte vor allem nach dem Ende der Inflation, das die deutsche Wirtschaft wieder dem scharfen Wind der internationalen Konkurrenz aussetzte, erneut erbitterten Auseinandersetzungen der Tarifparteien Platz.

Mit Krieg und Inflation waren auch die Kosten des Sozialstaates gestiegen: durch die Versorgung der arbeitsunfähigen Kriegsbeschädigten und der Hinterbliebenen von gefallenen Soldaten, durch den Aufbau eines modernen Systems einer Fürsorge, durch den großzügigen Bau von Sozialwohnungen und durch die Einführung einer Erwerbslosenfürsorge, die schließlich nach der allmählichen Verlagerung der Verantwortung für die Arbeitslosen von den Gemeinden auf das Reich und dem stufenweisen Übergang vom Fürsorge- zum Versicherungsprinzip in das Gesetz über Arbeitsvermittlung und Arbeitslosenversicherung von 1927 mündete.[21] Damit übernahm das Reich eine Gesamtverantwortung für den Arbeitsmarkt. In der Weltwirtschaftskrise seit 1929 brach die Arbeitslosenversicherung in Deutschland - wie in anderen europäischen Ländern - faktisch zusammen.[22] Die Beiträge wurden erhöht, die Leistungen ra-

---

[21] Vgl. Karl Christian Führer, Arbeitslosigkeit und die Entstehung der Arbeitslosenversicherung in Deutschland 1902-1927, Berlin 1990; Peter Lewek, Arbeitslosigkeit und Arbeitslosenversicherung in der Weimarer Republik 1918-1927, Stuttgart 1992.

[22] Vgl. dazu die Münchner Dissertation von Christian Berringer, Sozialpolitik in der Weltwirtschaftskrise. Die Arbeitslosenversicherungspolitik in Deutschland und Großbritannien im Vergleich, 1928 bis 1934. Die Arbeit wird in Kürze in der

dikal gekürzt und die Voraussetzungen für die Gewährung von Arbeitslosenunterstützung erschwert. Immer mehr Arbeitslose wurden zunächst auf die Krisenfürsorge für Arbeitslose und schließlich auf die Wohlfahrtsunterstützung der Gemeinden verwiesen.[23] Auch die Leistungen der weiteren Sozialversicherungen wurden eingeschränkt. Eine Konsequenz dieser Entwicklung war die finanzielle Erschöpfung der Gemeinden, die Verelendung, aber auch die politische Radikalisierung weiter Teile der Bevölkerung.

Auch im Bereich der Arbeitsbeziehungen, in der der Staat durch die zunehmende Praxis der Zwangsschlichtung von Arbeitskämpfen unmittelbar in soziale Konflikte verwickelt wurde,[24] erschütterte die Weltwirtschaftskrise die Grundlagen der Weimarer Demokratie. Während die Gewerkschaften angesichts der Massenarbeitslosigkeit vom Staat den Schutz ihrer Interessen und eine Korrektur des gestörten Gleichgewichts zwischen den Tarifparteien erwarteten, forderten die Unternehmer einen Abbau des Sozialstaates, um die Lohnnebenkosten zu senken, ihre Ertragslage zu verbessern und ihre Wettbewerbsfähigkeit auf den Märkten des Auslandes zu stärken. Da der Sozialstaat von ihnen meist als notwendige Begleiterscheinung des nach ihrer Meinung entscheidungsunfähigen parlamentarischen Parteienstaates angesehen wurde, ist schließlich ihr Kampf um die Durchsetzung eines „politischen Primats der Wirt-

---

Reihe „Schriften zur Wirtschafts- und Sozialgeschichte“ im Verlag Duncker&Humblot erscheinen.

[23] Vgl. Heidrun Homburg, Vom Arbeitslosen zum Zwangsarbeiter. Arbeitslosenpolitik und Fraktionierung der Arbeiterschaft in Deutschland 1930-1933 am Beispiel der Wohlfahrtserwerbslosen und der kommunalen Wohlfahrtshilfe, in: Archiv für Sozialgeschichte 25, 1985, S. 251-298.

[24] Vgl. Johannes Bähr, Staatliche Schlichtung in der Weimarer Republik. Tarifpolitik, Korporatismus und industrieller Konflikt zwischen Inflation und Deflation 1919-1933, Berlin 1989.

schaft"[25] mehr und mehr auch zu einem Kampf gegen die Demokratie, gegen demokratische Parteien und gegen das Parlament geworden.

Das Beispiel der Weimarer Republik lehrt so, daß die Wirkung des Sozialstaates auf die Stabilität politischer Systeme ambivalent ist. Während er einerseits durch die Milderung des sozialen Elends und die Regulierung sozialer Konflikte Staat und Gesellschaft stabilisieren kann, besteht andererseits auch die Gefahr, daß die Leistungsfähigkeit des Staates durch ein zu direktes Eingreifen in Verteilungskonflikte überfordert wird. Aufgrund der damit zusammenhängenden Enttäuschung der Bevölkerung über die Nichterfüllung zu weit gespannter Erwartungen kann der Zusammenbruch eines politischen Systems gefördert werden.

In der Zeit der nationalsozialistischen Herrschaft wurden die demokratischen Komponenten des Sozialstaates durch die völlige Aufhebung der bereits vorher eingeschränkten Autonomie der Tarifparteien, die Zerschlagung der Gewerkschaften und die Ersetzung der frei gewählten Betriebsräte durch sog. „Vertrauensräte", in denen die „Betriebsführer" die entscheidende Rolle spielten, beseitigt.[26]

Die Möglichkeiten zur Perversion und zum Mißbrauch des Sozialstaates zeigten sich zudem in aller Schärfe in der nationalsozialistischen Gesundheits- und Bevölkerungspolitik, etwa auf dem Gebiet der sog. „Rassenhygiene", der Verhinderung der Fortpflanzung von „Erbkranken" und sog. „Gemeinschaftsunfähigen" durch Zwangssterilisation, und bei der Tötung angeblich „lebensunwerten Lebens" durch eine spezifische nationalsozialistische Ausprägung der „Euthanasie".[27]

---

[25] Gerald D. Feldman, Iron and Steel in the German Inflation 1916-1923, Princeton 1977, bes. S. 464ff.

[26] Vgl. Timothy W. Mason, Sozialpolitik im Dritten Reich. Arbeiterklasse und Volksgemeinschaft, 3. Aufl., Opladen 1978.

[27] Vgl. Gisela Bock, Zwangssterilisation im Nationalsozialismus. Studien zur Rassenpolitik und Frauenpolitik, Opladen

Die Infiltration der Sozialpolitik mit sozialdarwinistischen und rassenhygienischen Vorstellungen ist dabei durch den in der Weltwirtschaftskrise ausgelösten Sparzwang bei der Finanzierung des Systems sozialer Sicherheit noch forciert worden.

Im Unterschied zur Zerschlagung des Systems der Arbeitsbeziehungen und seiner Träger und der weitgehenden Ausrichtung des Gesundheitswesens und teilweise auch der Wohlfahrtspflege[28] an der rassistischen Ideologie des Nationalsozialismus ist das überkommene Sozialversicherungssystem zwar der nationalsozialistischen Politik angepaßt worden, blieb aber in seinen Grundzügen erhalten. Allerdings kam es auch hier zu einer von rassischen und politischen Gesichtspunkten bestimmten personellen Säuberung in den Versicherungen und bei den zur Kassenpraxis zugelassenen Ärzten sowie zur Ersetzung der Selbstverwaltungselemente der Versicherungen durch das Führerprinzip. Auch wurden die Institutionen der Versicherung für die gesundheits- und bevölkerungspolitischen Ziele des Regimes eingesetzt. Die Mittel der Arbeitslosenversicherung ließen sich zur Finanzierung von Arbeitsbeschaffungsprogrammen und zur Sanierung der Rentenversicherung mißbrauchen, und der Rechtsanspruch auf Versicherungsleistungen wurde in den ersten Monaten der Arbeitslosigkeit durch eine Bedürfnisprüfung beseitigt. Schließlich wurde Ende 1938 die autonome Reichsanstalt für Arbeitsvermittlung und Arbeitslosenversicherung dem Reichsarbeitsministerium unterstellt und zu einem Instrument der staatlichen Lenkung und Disziplinierung von Arbeitskräften umgeformt.

1986; Hans-Walter Schmuhl, Rassenhygiene, Nationalsozialismus, Euthanasie. Von der Verhütung zur Vernichtung „lebensunwerten Lebens“ 1890-1945, Göttingen 1987.

[28] Vgl. Christoph Sachße/Florian Tennstedt, Der Wohlfahrtsstaat im Nationalsozialismus. Geschichte der Armenfürsorge in Deutschland, Bd. 3, Stuttgart/Berlin/Köln 1992.

In gewissen Bereichen kam es aber auch zu einem Ausbau des Sozialversicherungssystems. So erhielten Rentner einen gesetzlichen Krankenschutz, und in einem Gesetz von 1938 wurde mit den Handwerkern eine große Gruppe der Selbständigen in eine obligatorische Rentenversicherung einbezogen.

Im Krieg entwickelte die Deutsche Arbeitsfront als Einheitsorganisation der Arbeiter, Angestellten und Arbeitgeber unter Berufung auf Bismarcks ursprünglichen Plan einer vom Staat finanzierten Invaliden- und Altersversorgung das Konzept eines „Sozialwerkes des deutschen Volkes", das das nach verschiedenen Risiken und großen Berufsgruppen gegliederte deutsche System der Sozialversicherung durch ein weitgehend aus Steuermitteln finanziertes System der Versorgung aller Staatsbürger ersetzen sollte.[29] Das Sozialwerk wie das geplante Gesundheitswerk sollten neben der Erhöhung der Leistungen aber auch der besseren Disziplinierung der Arbeitskräfte und der Diskriminierung sog. „asozialer Elemente" dienen. Die Beharrungskraft einer konservativen Bürokratie in den Ministerien für Arbeit, Finanzen und Wirtschaft, aber auch die Opposition weiter Teile der Wirtschaft und der Ärzteschaft haben bewirkt, daß eine Verwirklichung der teuren Pläne auf die Zeit nach Kriegsende vertagt wurde und sie damit nicht zum Tragen kamen.

III.

Die 1949 gegründete Bundesrepublik versteht sich als Sozialstaat, in dem sich Staat und Gesellschaft insgesamt am sozialen Staatsziel orientieren sollen.[30] Nach

---

[29] Vgl. Marie-Luise Recker, Nationalsozialistische Sozialpolitik im Zweiten Weltkrieg, München 1985, bes. S. 98-128.

[30] Vgl. Hans F. Zacher, Das soziale Staatsziel, in: Josef Isensee/Paul Kirchhof (Hg.), Handbuch des Staatsrechts der Bundesrepublik Deutschland, Bd. 1, Heidelberg 1987, S. 1045-1111.

dem Konzept der sozialen Marktwirtschaft wird zudem die Wirksamkeit der Gesetze des freien Marktes im Bereich der Produktion als Voraussetzung der Steigerung des allgemeinen Wohlstandes durch soziale Interventionen des Staates zugunsten der schwächeren Bevölkerungsgruppen in der Sphäre der Verteilung ergänzt. Das zentrale Ziel des Sozialstaates - die Förderung des sozialen Ausgleichs - gilt dabei sowohl für den Bereich der Arbeitsbeziehungen als auch für das System der sozialen Sicherheit. Entscheidend war, daß trotz der Versuche der alliierten Besatzungsmächte, nach dem Modell des britischen Beveridge-Planes von 1942 eine einheitliche, umfassende Volksversicherung zu errichten, das historisch herausgebildete, nach Risiken und Berufsgruppen gegliederte deutsche Sozialversicherungssystem in Westdeutschland bestehen blieb. Die weitere Entwicklung war durch Tendenzen zur Universalisierung, durch die ständige Ausdehnung der von sozialen Leistungen erfaßten Personenkreise, die Ausdifferenzierung und Erweiterung der berücksichtigten sozialen Risiken sowie durch die starke Erhöhung der Leistungen gekennzeichnet.

Ein wesentlicher Aspekt der Sozialpolitik in den ersten Jahren nach dem Zweiten Weltkrieg waren auch Gesetze, die - wie das Lastenausgleichsgesetz, die staatliche Versorgung von Kriegsopfern und ihren Hinterbliebenen und die Wiedergutmachung - die Folgen des Krieges für bestimmte Bevölkerungsgruppen mildern und die Akzeptanz der neuen Ordnung sichern sollten. Nach dem Ende der Notzeit der Nachkriegsjahre und dem Beginn des sog. Wirtschaftswunders erweiterten sich auch die Ziele des sozialen Sicherungssystems. In der kurz vor der Bundestagswahl 1957 verabschiedeten Rentenreform[31] wurde erstmals in der Welt das Prinzip

[31] Vgl. zu deren Entstehung die grundlegende Studie von Hans Günter Hockerts, Sozialpolitische Entscheidungen im Nachkriegsdeutschland. Alliierte und deutsche Sozialversicherungspolitik 1945 bis 1957, Stuttgart 1980.

der dynamischen Rente eingeführt. Es band die Leistungen an die allgemeine ökonomische Entwicklung des Landes und ließ damit die aus dem Arbeitsleben ausgeschiedenen Rentner am ökonomischen Wachstum profitieren. Das Ziel war, den Rentenempfängern nicht nur ein Existenzminimum zu gewähren, sondern ihnen zu erlauben, den gewohnten, oft hohen Lebensstandard bei Invalidität und Alter aufrechtzuerhalten. Die Leistungen wurden erheblich angehoben, in einigen Fällen fast verdoppelt und damit erstmals der Teufelskreis von Alter und Armut durchbrochen und ein Ausgleich zwischen den Generationen herbeigeführt. Durch die Beibehaltung der deutschen Tradition der engen Bindung der Höhe der Renten an frühere Beiträge wurde zudem ein Ansporn zu höherer Leistung gegeben.

Die Finanzierung der Renten beruhte dabei auf dem sog. Generationenvertrag, nach dem in Form eines Umlageverfahrens die jeweils erwerbstätige Generation die Renten der vorangegangenen Generation aufbringt in der Erwartung, daß nach ihrem Ausscheiden aus dem Arbeitsleben ihre Rente von der folgenden Generation bezahlt wird. Mit dem dramatischen Rückgang der Kinderzahl seit Ende der 1960er Jahre, der Steigerung der Lebenserwartung und der gleichzeitigen Reduzierung der Lebensarbeitszeit - etwa durch längeres Studium und frühere Verrentung - wurde jedoch deutlich, daß mit dem Konzept des Generationenvertrages eine Zeitbombe in das System, in dem immer weniger Beitragszahler immer mehr Rentner unterhalten müssen, gelegt worden war.

Die Probleme der Rentenversicherung wurden zudem durch die Rentenreform von 1972 verschärft, als am Vorabend einer Bundestagswahl die großen Parteien CDU/CSU und SPD in einem eigendynamischen Prozeß zur Gewinnung von Wählern sich gegenseitig zu übertrumpfen versuchten[32] und es zu einer Kumulation

[32] Vgl. Hans Günter Hockerts, Vom Nutzen und Nachteil parlamentarischer Parteienkonkurrenz. Die Rentenreform 1972 -

kostentreibender Vorschläge - u. a. der Einführung der flexiblen Altersgrenze und der Öffnung des Rentensystems für Selbständige unter sehr günstigen Bedingungen und der Einführung von Renten nach einem angenommenen Mindesteinkommen - kam, die die finanziellen Lasten stark erhöhten. Die CDU/CSU hatte gleichsam versucht, die SPD links zu überholen, die aber diese Überholspur nicht freigab. Die Rentenreform von 1992 und die derzeitigen Vorschläge zur Reform der Renten sind Versuche, diese Kosten wieder einzudämmen und die Bombe des Generationenvertrages zu entschärfen.

Von großer Bedeutung neben der Rentenreform war die grundlegende Neuordnung der Sozialhilfe durch ein Gesetz von 1961, das dem einzelnen im Fall der Bedürftigkeit und des Fehlens von Hilfen durch nahe Familienangehörige einen Rechtsanspruch auf Unterstützung gab. Diese sollte zudem nicht nur ein Existenzminimum sichern, sondern nach dem Wortlaut des Gesetzes dem Empfänger der Hilfe die Führung eines Lebens ermöglichen, „das der Würde des Menschen entspricht". Die Hoffnung, daß, abgesehen von der „Hilfe in besonderen Lebenslagen" etwa für Blinde, Behinderte, Pflegefälle und werdende Mütter, die „Hilfe zum Lebensunterhalt" auf nur wenige Randgruppen beschränkt bleiben würde, hat sich jedoch nicht erfüllt. Gerade in den letzten Jahren ist die Zahl der Empfänger von „Hilfe zum Lebensunterhalt", unter denen besonders viele Ausländer sind, vor allem wegen der Zunahme der Zahl der Dauerarbeitslosen und der alleinerziehenden Frauen stark angestiegen.[33] Sozialhilfe ist damit

---

Ein Lehrstück, in: Karl Dietrich Bracher/Paul Mikat/Konrad Repgen/Martin Schumacher/Hans-Peter Schwarz (Hg.), Staat und Parteien. Festschrift für Rudolf Morsey zum 65. Geburtstag, Berlin 1992, S. 903-934.

33 Vgl. Deutsche Bundesbank, Die Ausgaben für Sozialhilfe seit Mitte der achtziger Jahre, in: Monatsbericht April 1996, 48, Nr. 4, S. 35-52.

für einen erheblichen Teil der Bevölkerung erneut zur sozialen Grundsicherung geworden.

Zum 1. Januar 1995 wurde nach scharfen politischen Auseinandersetzungen, vor allem um ihre Finanzierung, eine Pflegeversicherung als fünfter großer Zweig der Sozialversicherung eingeführt. Eines der Ziele dieser Versicherung war es, die Sozialhilfe „in besonderen Lebenslagen“ und damit die Kommunen durch die Übernahme eines wesentlichen Teils der stark gestiegenen Kosten für Pflegefälle zu entlasten.

Im Zuge des Ausbaus des Sozialstaates in Deutschland wurde so die Sozialpolitik von einer peripheren Beschäftigung mit speziellen sozialen Gruppen, vor allem den Arbeitern, zu einer umfassenden Gesellschaftspolitik, die die Lebenschancen und Lebensverhältnisse fast der ganzen Bevölkerung wesentlich mitbestimmt. Durch diese Entwicklung der Sozialpolitik wurde in immer größerem Maße auch den Interessen des Mittelstandes entsprochen. Das wird deutlich in der etwa im Vergleich zu den Vereinigten Staaten relativ großzügigen Unterstützung von Studenten oder den Leistungen der Renten- und der Pflegeversicherung, aufgrund derer Rentner bisher ihren gewohnten Lebensstandard im Alter im wesentlichen aufrecht erhalten und Pflegebedürftige versorgt werden konnten, ohne daß sie ihre Ersparnisse aufzehren müssen. Das bedeutet aber auch, daß die angesparten Vermögen an die nächste Generation vererbt werden können. Man hat berechnet, daß in dem Jahrzehnt zwischen 1990 und 2000 in der Bundesrepublik etwa 2600 Milliarden Mark vererbt werden,[34] wobei im Gegensatz zu früher das Erbe nun meist nur unter ein bis zwei Kindern aufgeteilt wird. Natürlich ist diese Form der Übertragung von Vermögen von der älteren auf die jüngere Generation selektiv und nicht gerecht und kommt - wie andere Entwicklungen im Ausbau des Sozialstaates seit dem Zweiten Weltkrieg - vor allem den mittleren und oberen Schichten zugute. Sie

[34] Vgl. Frankfurter Allgemeine Zeitung, 25.4.1995.

ist aber nach meiner Meinung eine der wesentlichen Gründe, warum der Generationenvertrag trotz der zunehmenden Belastungen, die er der jüngeren Generation auferlegt, wohl auch in Zukunft bei einer notwendigen Anpassung an die seit 1957 grundlegend veränderten Verhältnisse nicht zusammenbrechen wird.

Die starke Berücksichtigung der Interessen des Mittelstandes unterscheidet unser gegenwärtiges System der sozialen Sicherheit von dem der Weimarer Republik, in dem z. B. selbständige Handwerker, Kleinhändler und Bauern in das System nicht einbezogen waren und daher auch die mit ihm verbundenen Kosten ablehnten. Es unterscheidet es auch von dem Sozialsystem der Vereinigten Staaten, in dem, wenn man von den populären beitragsfinanzierten, einkommensbezogenen Altersrenten absieht, das sehr viel weniger ausgebaute System der sozialen Sicherheit stärker auf die allerdings keineswegs ausreichende Sicherstellung minimaler Grundbedürfnisse der Armen ausgerichtet ist und daher in breiten Kreisen des Mittelstandes höchst unpopulär ist.

IV.

Der Sozialstaat steht, wie wir alle wissen, überall in Gegenwart und Zukunft vor schweren Belastungsproben. Ein spezifisch deutsches Sonderproblem sind dabei die Belastungen durch die Wirtschafts-, Währungs- und Sozialunion mit dem Gebiet der ehemaligen DDR, in der nach 1945 ein fast völliger Bruch mit den traditionellen Grundlagen des deutschen Sozialstaates erfolgte.[35] Die Arbeitgeberorganisationen wurden ausgeschaltet und die Gewerkschaften als Transmissionsriemen zur Durchsetzung der Politik der herrschenden Staats-

[35] Vgl. Johannes Frerich/Martin Frey, Handbuch der Geschichte der Sozialpolitik in Deutschland, Bd. 2: Sozialpolitik in der Deutschen Demokratischen Republik, 2. Aufl., München/Wien 1996.

partei SED instrumentalisiert. Es gab keine frei ausgehandelten Tarifverträge und keinen autonomen Bereich der Arbeitsbeziehungen. Nur in den nach sowjetischem Vorbild als kollektiver Zusammenschluß der Arbeiter einer Arbeitsstätte gebildeten Arbeitsbrigaden, die vor allem der Steigerung der Arbeitsproduktivität, der sozialistischen Schulung und Erziehung der Arbeiter und ihrer Kontrolle dienen sollten, kam es zu Ansätzen einer kollektiven Interessenvertretung auf betrieblicher Ebene,[36] die in gewisser Weise das Fehlen gewählter Betriebsräte ersetzte.

Statt der nach Risiken und Berufsgruppen gegliederten deutschen Sozialversicherung wurde eine Einheitsversicherung für Arbeiter und Angestellte eingeführt, die schließlich der Leitung des FDGB, des ostdeutschen Gewerkschaftsbundes, unterstellt wurde.[37] Die Beiträge und die Beitragsbemessungsgrenze, aber auch die Renten, selbst nach Einführung einer vor allem der Abschöpfung von Kaufkraft dienenden freiwilligen Rentenzusatzversicherung im Jahre 1971, waren nach westdeutschen Standards außerordentlich niedrig. Das führte bereits 1950 zur Schaffung des ersten zusätzlichen Versorgungssystems für die sog. technische Intelligenz, dem bis zum 1. Januar 1989 26 weitere Zusatz- bzw. Sonderversorgungssysteme u. a. für Funktionäre der SED, für die Träger der staatlichen Verwaltung, für die Mitglieder von Volkspolizei, Nationaler Volksarmee und Staatssicherheitsdienst, aber auch für Professoren folgten.

Das niedrige Niveau der Standardrenten war auch ein Mittel, um Frauen, deren Erwerbsquote in der DDR fast so hoch war wie die der Männer, zur Annahme ei-

---

[36] Vgl. Peter Hübner, Konsens, Konflikt und Kompromiß. Soziale Arbeiterinteressen und Sozialpolitik in der SBZ/DDR 1945-1970, Berlin 1995, bes. S. 211-245.

[37] Vgl. Dierk Hoffmann, Sozialpolitische Neuordnung in der SBZ/DDR. Der Umbau der Sozialversicherung 1945-1956, München 1996.

ner Arbeit zu zwingen, auch wenn sie kleine Kinder hatten. Es gab keine Arbeitslosigkeit, aber eine nach der Wiedervereinigung als eine Art verdeckte Arbeitslosigkeit deutlich gewordene unökonomische Überbesetzung vieler Betriebe und Verwaltungen. Auch in der gesundheitlichen Betreuung der Arbeitnehmer spielten die Betriebe eine wesentliche Rolle. Man kann so sagen, daß in der DDR ein erheblicher Teil der mit der Arbeit mittelbar verbundenen Kosten, die in der Bundesrepublik vom System der sozialen Sicherheit getragen werden, in die Betriebe zurückverlagert, also internalisiert worden ist.

Mit der Wiedervereinigung haben die neuen Bundesländer neben der Währung mit einigen Übergangsbestimmungen auch den gesamten Komplex der politischen, ökonomischen und sozialen Institutionen und der sie regelnden Normen von der Bundesrepublik übernommen. Mit der Umstellung der Löhne und Gehälter im Verhältnis 1:1 und ihrer relativ schnellen Anhebung wurde die Wirtschaft der neuen Bundesländer gleichsam zu einem „Kaltstart" gezwungen[38] und konnte nicht, wie die Wirtschaften Polens, Ungarns oder Tschechiens, ihre Wettbewerbsfähigkeit durch niedrige Wechselkurse und Löhne behaupten oder neu gewinnen. Die Umstellung der Währung entsprach nach dem geheimgehaltenen Umrechnungskurs der DDR für Exporterlöse von 4,4:1 einer Aufwertung von 340%.[39] Da in wenigen Jahren auch die Löhne von ca. 35% auf über 80% der Westlöhne anstiegen, während die Produktivi-

---

[38] Gerlinde Sinn/Hans-Werner Sinn, Kaltstart. Volkswirtschaftliche Aspekte der deutschen Vereinigung, 3. Aufl., München 1993.

[39] Norbert Kloten, Deutsche Einheit: Die wirtschaftliche Last der Folgen für Ost und West. Vortrag im Rahmen einer Ringvorlesung der Universität Tübingen am 11.1.1996, in: Deutsche Bundesbank, Auszüge aus Presseartikeln, Nr. 8, 5.2.1996, S. 11-17.

tät nur von etwa 30% 1991 auf 56% 1996 zunahm,[40] war eine Konsequenz dieses dramatischen Umbruchs der wirtschaftlichen Bedingungen ein Verlust von etwa 4 Millionen Arbeitsplätzen vor allem im industriellen Sektor.[41]

Von dieser Transformationskrise im Osten, aber auch der Verschärfung des Wettbewerbs durch die sog. Globalisierung der Wirtschaft, die zu Einbrüchen auch auf dem Arbeitsmarkt im Westen Deutschlands geführt hat, wurde das System der Arbeitsbeziehungen stark betroffen. Das bundesdeutsche System der Arbeitsbeziehungen, das hier nicht im einzelnen erörtert werden kann, ist durch die Praxis flächendeckender Tarifverträge für die einzelnen Gewerbezweige und einen hohen Grad der Verrechtlichung der kollektiven, aber auch der individuellen Arbeitsverhältnisse gekennzeichnet. Das hat in den ersten Jahrzehnten der Bundesrepublik wesentlich zur Entschärfung sozialer Konflikte beigetragen und den wirtschaftlichen Aufschwung begünstigt. Inzwischen wird diese weitgehende Verrechtlichung aber als eine der Ursachen der mangelnden Flexibilität des deutschen Arbeitsmarktes angesehen, die die Bekämpfung der Massenarbeitslosigkeit erschwert. Man versucht daher, stärker der besonderen Situation bestimmter Gewerbezweige und einzelner Betriebe gerecht zu werden. Es bleibt abzuwarten, ob der Flächentarifvertrag in der bisherigen Form beibehalten werden kann oder in größerem Umfang durch Firmentarifverträge ergänzt oder ersetzt werden wird.

---

[40] Helmut Hesse, Arbeitslosigkeit und Geldpolitik 1997. Rede des Präsidenten der Landeszentralbank in der Freien Hansestadt Bremen, in Niedersachsen und Sachsen-Anhalt anläßlich des Bankenempfangs der Landeszentralbank in Magdeburg am 21. Januar 1997, abgedruckt in: Deutsche Bundesbank, Auszüge aus Presseartikeln, Nr. 5, 23.1.1997, S. 6-14.

[41] Hans-Werner Sinn, Volkswirtschaftliche Probleme der Deutschen Vereinigung, Nordrhein-westfälische Akademie der Wissenschaften, Natur-, Ingenieur- und Wirtschaftswissenschaften, Vorträge N 421, Opladen 1996, bes. S. 7-12.

Kennzeichnend ist jedenfalls, daß nach einer jüngeren Umfrage des IFO-Instituts bei 700 Unternehmern 19% der befragten Unternehmer angaben, daß sie aus ihrem zuständigen Arbeitgeberverband ausgetreten sind, und weitere 40% dies nach ihrer Aussage beabsichtigen, um nicht an die ausgehandelten Tarife gebunden zu sein.[42] Diese werden bereits jetzt von vielen Firmen ignoriert. Die Erosion der Arbeitgeberverbände, die zusammen mit den Gewerkschaften die Säulen des Flächentarifvertragswesens bilden, ist in den neuen Bundesländern besonders weit fortgeschritten.

Die Übernahme des westdeutschen Systems der sozialen Sicherheit in den neuen Bundesländern war nur durch enorme Transferleistungen vom Westen in den Osten, die in den vier Jahren von 1991 bis 1994 sich allein in diesem Bereich auf etwa 240 Milliarden Mark beliefen,[43] möglich. So mußten wegen des geringen Beitragsaufkommens im Osten z.B. allein zur Sicherung der Zahlungsfähigkeit der Renten- und der Arbeitslosenversicherung 1993 50 Milliarden Mark (einschließlich des Bundeszuschusses zur Bundesanstalt für Arbeit) transferiert werden.[44] Das entspricht etwa drei Beitragspunkten. Die Beiträge zur Rentenversicherung

---

[42] Joachim Fels, Arbeitsmärkte und Währungsunion, in: Börsen-Zeitung, 9.1.1997. 47% der Unternehmen gaben an, daß sie sich nicht mehr an die tariflichen Arbeitszeitbestimmungen gebunden fühlten; 43% zahlten nicht mehr das volle tarifliche Weihnachts-/Urlaubsgeld; 37% hielten sich nicht an die Lohnfortzahlungsbestimmungen; 30% zahlten nicht mehr die tariflichen Löhne und Gehälter.

[43] Regierungserklärung von Bundeskanzler Kohl über 5 Jahre deutsche Einheit am 12.10.1995, in: Deutscher Bundestag, Stenog. Berichte, 13. Wahlperiode, S. 5075-5079; zur Aufteilung der Transferleistungen an das System der sozialen Sicherheit im Osten nach Jahren und einzelnen Bereichen vgl. Drucksache 13/2280 vom 8.9.1995, Deutscher Bundestag, 13. Wahlperiode, S. 116.

[44] Bundesministerium für Arbeit und Sozialordnung, Sozialbericht 1993, Bonn 1994, S. 16.

lägen also weiterhin deutlich unter 20%, die aller Sozialversicherungen unter 40%, wenn es diese gewaltigen Transferleistungen auch innerhalb der Versicherungssysteme nicht gäbe.

Tatsächlich zählt die Masse der Rentner im Osten zu den Gewinnern der Vereinigung. Der durchschnittliche Ostrentner erhält heute in Westmark fast das Dreifache der Rente, die er vor der Vereinigung in Ostmark erhielt. Im Vergleich zu den Westrenten, die allerdings viel häufiger durch Betriebspensionen oder private Lebensversicherungen aufgestockt werden, lag das durchschnittliche Niveau der Renten im Osten bei den Männern schon Mitte 1994 bei 88,5% und bei den Frauen, die meist eine viel längere Erwerbstätigkeit als die Frauen im Westen nachweisen können und zudem häufig Auffüllbeträge für ihre Renten erhalten, bei 128%.[45] Die Ostrenten werden mit der sukzessiven Angleichung der Eckrenten - d. h. der Rente eines Durchschnittsverdieners mit 45 Versicherungsjahren -, die im Westen zur Zeit höher sind als im Osten, noch weiter steigen.

Die Probleme mit der Sozialunion haben jedoch die gegenwärtige Krise des deutschen Systems der sozialen Sicherheit nur akzentuiert, bilden aber nicht deren tiefere, vor allem strukturelle Ursachen, für die es viele Parallelen in anderen westlichen Industrienationen gibt.[46] Sie können hier, wie auch die Lösungsversuche, nur kurz angedeutet, nicht aber im Detail analysiert werden. Zu ihnen gehört die Krise der Arbeitsgesellschaft, d. h. der immer größer werdende Grundstock von Arbeitslosen, vor allem auch Dauerarbeitslosen, dem man in Deutschland, dessen soziales Sicherungssystem in be-

---

[45] Deutsche Bundesbank, Zur Finanzentwicklung der gesetzlichen Rentenversicherung seit Beginn der neunziger Jahre, Monatsbericht März 1995, 47, Nr. 3, S. 17-31, hier S. 24. - Die durchschnittliche versicherungspflichtige Erwerbstätigkeit der Frauen betrug im Osten 38, im Westen 24,5 Jahre.

[46] Vgl. dazu Gerhard A. Ritter, Probleme und Tendenzen des Sozialstaates in den 1990er Jahren, in: Geschichte und Gesellschaft 22, 1996, S. 393-408.

sonders starkem Maße auf der Erwerbstätigkeit beruht, vor allem durch eine Reduzierung der Lohnnebenkosten und die Flexibilisierung der Arbeitsverhältnisse begegnen will.

Die zunehmende Alterung moderner Industriegesellschaften durch den dramatischen Rückgang der Geburten seit 1970 und die steigende Lebenserwartung erschwert die Finanzierung der Altersrenten, erhöht die Kosten des Gesundheitswesens und macht die Pflege und Betreuung älterer und hilfsbedürftiger Menschen zu einem zentralen Problem des modernen Sozialstaates.

Noch keineswegs voll erkannt sind die Konsequenzen, die sich aus der Veränderung der Familienstrukturen, der Lebensformen, der vermehrten Erwerbstätigkeit und dem veränderten Rollenverständnis der Frauen für das soziale Sicherungssystem ergeben. Die Familien werden immer kleiner; insbesondere die Zahl der Ein-Personen-Haushalte, deren Mitglieder im Fall von schwerer Krankheit oder Behinderung von der gesetzlichen Sozialversicherung und der Sozialhilfe besonders abhängig sind, hat stark zugenommen.[47] Neben der Ehe erhalten nichteheliche Lebensgemeinschaften, aber auch Familien, in denen ein Elternteil - zumeist die Frau - die Kinder allein erzieht, eine steigende Bedeutung. Die Anpassung der Sozialsysteme an diese neuen Lebensformen ist in Deutschland wie in anderen Sozialstaaten noch höchst ungenügend. Die Hinterbliebenen einer nichtehelichen Lebensgemeinschaft erhalten im Unterschied zu verwitweten Ehepartnern keine Hinterbliebenenrente. Alleinerziehende Frauen mit kleinen Kindern, die oft viele Jahre lang keiner geregelten Erwerbstätigkeit nachgehen können, finden - ebenso wie Ehefrauen mit Kindern - ihre Leistungen bei der Kindererziehung nicht genügend honoriert. Einen Lasten-

---

[47] In der Bundesrepublik Deutschland waren 1988 34,9% aller Privathaushalte Ein-Personen-Haushalte. Vgl. Hans F. Zacher (Hg.), Alterssicherung im Rechtsvergleich, Baden-Baden 1991, S. 620.

ausgleich zwischen Einzelpersonen bzw. Ehepaaren ohne Kinder und Familien mit mehreren Kindern gibt es in Deutschland - im Unterschied etwa zu Frankreich - erst in ungenügenden Ansätzen.

Wir können nur darüber spekulieren, welche Auswirkungen die angestrebte europäische Währungsunion auf den deutschen Sozialstaat haben wird. Gerade nach den Erfahrungen mit der Sozialunion der alten und neuen Bundesländer erscheint mir eine Harmonisierung der Sozialsysteme und eine Angleichung ihrer Leistungen, die über die Gewährleistung gewisser Mindeststandards, etwa im Arbeiterschutz, hinausgeht, nicht nur wegen der historischen Prägung der nationalen Sicherungssysteme für lange Zeit unmöglich. In den wirtschaftlich weniger entwickelten Ländern würde ein Angleichen der Leistungen an das hohe Niveau etwa der Bundesrepublik die Wettbewerbsfähigkeit der Wirtschaft dieser Länder beseitigen, während eine Angleichung mittels Finanztransfers von den reichen zu den armen Ländern unbezahlbar wäre. Die wahrscheinliche Konsequenz einer europäischen Währungsunion wäre, daß der Zusammenhang zwischen Lohnkosten, Kosten der Sozialsysteme und Beschäftigung noch transparenter wäre und daß der Wettbewerb - insbesondere bei einer Einbeziehung der Staaten Ostmitteleuropas in die Europäische Union - sich noch weiter verschärfen würde,[48] d. h. noch mehr Arbeitsplätze aus Ländern mit hohen in Länder mit geringen Arbeitskosten exportiert werden würden. Der Druck auf Reduzierung der Sozialleistungen in Deutschland würde sich also voraussichtlich verstärken.

---

[48] Vgl. Hans Tietmeyer, Stabiles Geld für Deutschland und Europa. Rede des Präsidenten der Deutschen Bundesbank vom 4.5.1996, abgedruckt in: Deutsche Bundesbank, Auszüge aus Presseartikeln, Nr. 29, 7.5.1996; Reimut Jochimsen, Die sozialen Konsequenzen der Währungsunion, Vortrag des Präsidenten der Landeszentralbank in Nordrhein-Westfalen vom 11.6.1996, in: ebda. Nr. 41, 26.6.1996.

Zweifellos brauchen wir bis zu einem gewissen Grade eine Deregulierung und Flexibilisierung der Arbeit, einen Abbau von Lohnnebenkosten und neben der ständigen Umschulung und Weiterbildung von qualifizierten Arbeitskräften zur Anpassung an die rapiden Veränderungen der Produktions- und Kommunikationsprozesse auch die Schaffung bezahlbarer Arbeitsplätze für weniger qualifizierte Arbeitnehmer. Die Steigerung der Arbeitsproduktivität beruhte in den letzten Jahren so zu einem wesentlichen Teil, besonders in den neuen Bundesländern, auf der Ausmerzung der minder produktiven Arbeitsplätze. Bedenklich ist aber auch, daß die Aktien eines Unternehmens gleichsam automatisch steigen, wenn Massenentlassungen angekündigt werden.

Gewiß ist es richtig, daß die Eigenverantwortung der Menschen gestärkt werden muß und daß wir auch in Deutschland der Tendenz entgegentreten müssen, alle sozialen Probleme auf den Staat abzuwälzen. In der jüngsten Erklärung der katholischen und evangelischen Kirche zur wirtschaftlichen und sozialen Lage in Deutschland wird aber auch zu Recht betont, daß Subsidiarität zwar „Vorfahrt für Eigenverantwortung" bedeutet, aber auch Schutz und Unterstützung des Einzelnen und der untergeordneten gesellschaftlichen Ebenen, und daß Subsidiarität nicht dazu führen darf, diesen wachsende Risiken zuzuschieben.[49] Allerdings gilt es, die kleinen Netze von Selbsthilfegruppen, familiärer, nachbarschaftlicher und berufsbezogener Unterstützung zu bewahren und auszubauen, um eine Vereinsamung und Entmündigung hilfsbedürftiger Menschen zu verhindern. Nicht Selbstverwirklichung und hemmungsloser Egoismus, sondern ein neuer Bürgersinn, Mitmenschlichkeit und Solidarität sind gefordert, wenn wir den Sozialstaat unter Anpassung an die neuen Herausforde-

[49] Für eine Zukunft in Solidarität und Gerechtigkeit. Wort des Rates der Evangelischen Kirche in Deutschland und der Deutschen Bischofskonferenz zur wirtschaftlichen und sozialen Lage in Deutschland, Bonn 1997, S. 14 (§27).

rungen bewahren, den inneren Zusammenhalt der Gesellschaft festigen und den einzelnen Bürgern helfen wollen, auch in sozialen Krisen ein Leben zu führen, das der in Art. 1 unseres Grundgesetzes beschworenen unantastbaren „Würde des Menschen“ entspricht.

Lothar Roos

Sozialstaat in der Schieflage?

Zwischen Eigenverantwortung und sozialer Sicherung

Der Bonner Politologe Heinrich Fisch gab einem 1996 veröffentlichten Buch den Titel: „Ist der Sozialstaat noch zu retten?“[1] Schon zwei Jahre zuvor sprach der Pforzheimer Oberbürgermeister Joachim Becker vom „erschöpften Sozialstaat“.[2] Unter der Überschrift „Der Sozialstaat in der Krise“ veröffentlichte die FAZ im Frühjahr 1996 eine Artikelserie, in der die sozialstaatliche Situation in den EU-Staaten, sowie in Amerika, Kanada und Japan analysiert wurde.[3] Für keinen dieser Staaten ließ sich dabei eine Aussage „Weiter so!“ machen. Trotz solcher Schlagzeilen ist der Sozialstaat keineswegs in seiner Substanz bedroht. Er gehört zu den „Verfassungsprinzipien“ unserer Gesellschaft. Die bisher beschlossenen Sparmaßnahmen umfassen nur 3% der Solidarleistungen, die insgesamt ein Drittel unseres Sozialprodukts ausmachen. Allerdings reicht dies bei weitem nicht aus. Deshalb muß grundsätzlich darüber nachgedacht werden, welche Veränderungen unumgänglich sind und wie man sie in gerechter Weise vollzieht.

Wir wollen zunächst die historischen und sozialethischen Grundlagen des Sozialstaates in Erinnerung rufen, dann die Ursachen gegenwärtiger Schwierigkeiten skizzieren und schließlich versuchen, sozialethische

---

1 Heinrich Fisch: Ist der Sozialstaat noch zu retten? - Wenn Markt, Staat und Ethik versagen, Freiburg 1996.

2 Joachim Becker: Der erschöpfte Sozialstaat. Neue Wege zur sozialen Gerechtigkeit, Frankfurt a.M. 1994.

3 Vgl. FAZ-Serie „Der Sozialstaat in der Krise“ vom 10.01.-30.03.1996.

Grundsätze und Handlungsimspulse für deren Bewältigung zu formulieren.

These 1

Der Sozialstaat ist eine humanitäre Errungenschaft, die sich unter den Bedingungen einer modernen Wirtschaftsgesellschaft zwingend aus dem Solidaritätsprinzip ergibt. Er muß deshalb bewahrt werden.

Der auf der Idee der Menschenwürde und der damit untrennbar verbundenen individuellen und sozialen Menschenrechte beruhende demokratische Verfassungsstaat hält es um der Würde des Menschen willen für geboten, daß jeder einzelne Bürger nicht nur einen ethisch-moralischen, sondern auch einen Rechtsanspruch auf ein Leben ohne existenzbedrohende materielle Sorgen hat. An die Stelle privater Caritas tritt die öffentlich-rechtliche Sozialversicherung und - als letztes „soziales Netz" - die öffentliche „Fürsorge", heute „Sozialhilfe" genannt. Verfassungsrechtlich wird dies in Deutschland erstmals in Art. 151 der Weimarer Reichsverfassung mit dem Satz festgeschrieben: „Die Ordnung des Wirtschaftslebens muß den Grundsätzen der Gerechtigkeit mit dem Ziel der Gewährleistung eines menschenwürden Daseins für alle entsprechen." Damit ist der Weg von der nur „liberalen" zur „sozialen" Demokratie grundgelegt, der in Art. 20 (1) GG, also im sogenannten „Sozialstaatsprinzip", weitergeführt wird.

Hinter der Erfahrung von der Notwendigkeit des Sozialstaats unter den Bedingungen einer modernen Wirtschaftsgesellschaft steht die soziologische Einsicht, daß der einzelne bzw. die Familie gar nicht mehr aus eigenen Kräften für die „Wechselfälle des Lebens" so vorsorgen können, wie dies noch in der Agrargesellschaft der Fall war. Wir verdanken unseren wirtschaftlichen Wohlstand der durch hochgradige Arbeitsteilung und zunehmende Mobilität gekennzeichneten modernen Wirtschaftsform. Solange der einzelne sich dabei „auf dem Markt behaupten" kann, geht es ihm gut, vielleicht sehr gut. Sobald er aber aus dem Markt „herausfällt", ist er verloren. Deshalb kann unter diesen Voraussetzungen die ökonomische Grundsicherung nur durch eine „soziale Marktwirtschaft" gewährleistet werden, deren integraler Teil der Sozialstaat ist. Dies muß auch so bleiben.[4]

These 2

Der Sozialstaat verdankt sich weitgehend christlicher Anthropologie und Sozialethik. Die Zukunft des Sozialstaates sollte daher eine Aufgabe sein, deren sich Christen besonders annehmen.

Der Freiburger Sozialhistoriker Clemens Bauer hat aufgewiesen, daß die gesellschaftlich standortlos gewordene katholische Kirche im 19. Jh. durch die Erneuerung ihrer Soziallehre wieder einen Platz in der modernen Gesellschaft gefunden habe.[5] In der Tat verdankt die moderne katholische Soziallehre ihr Entstehen vor allem dem sozialstaatlichen Engagement ihrer Pioniere. Die erste sozialpolitische Rede in einem deutschen Parlament hielt bekanntlich der Freiburger Staatsrechtslehrer und Katholikenführer Franz Joseph von Buß 1837 im Badischen Landtag. Der erste beachtliche sozialpolitische Antrag im Kaiserreich, der 1877 erfolgte, trug den Namen „Antrag Galen", eines Neffen Bischof Kettelers. Das Zentrum war nach Aussagen des evangelischen Sozialwissenschaftlers Ludwig Heyde „die fruchtbarste sozialpolitische Partei der Regierungszeit Wilhelms II."[6] Daß dafür - neben den „Vordenkern"

---

[4] Vgl. A. Rauscher (Hrsg.): Die soziale Dimension menschlichen Lebens (Interdisziplinäre gesellschaftspolitische Gespräche an der Univ. Augsburg, Bd. 4), St. Ottilien 1995.

[5] Vgl. Clemens Bauer: Deutscher Katholizismus. Entwicklungslinien und Profile, Frankfurt a.M. 1964, 25-27.

[6] Ludwig Heyde: Abriß der Sozialpolitik, Heidelberg [12]1966, 56 (hier zitiert nach der 10. Aufl. von 1953).

Georg von Hertling und Heinrich Pesch - der Name Franz Hitze und das 1893 erstmals in Münster etablierte Fach der heutigen „Christlichen Gesellschaftslehre" steht, sollte nicht vergessen werden. Unter Reichskanzler Fehrenbach wurde der aus dem Mönchengladbacher „Volksverein für das katholische Deutschland" hervorgegangene Kölner Priester Heinrich Brauns 1920 Reichsarbeitsminister und behielt dieses Amt acht Jahre lang inne. Ihm verdanken wir u.a. die Einführung der Arbeitsgerichtsbarkeit (1926/27); das Gesetz über die Arbeitsvermittlung und Arbeitslosenversicherung (1927); die „Verordnung über die Reichsfürsorgepflicht", wodurch 1924 das heutige Sozialhilferecht grundgelegt wurde.[7]

Wenn die kirchliche Sozialverkündigung darauf hinweist, daß inzwischen die soziale Frage „weltweit" geworden sei, dann hat auch dies eine lange Tradition. Das Wort des Paulus: „Deshalb wollen wir, solange wir noch Zeit haben, allen Menschen Gutes tun, besonders aber denen, die mit uns im Glauben verbunden sind" (Gal 6,10), entspricht der Identifikation Jesu mit den Geringsten seiner und unserer Brüder und Schwestern. Caritas gehört als eine ihrer drei Grundfunktionen wesentlich zum Lebensvollzug der Kirche. Sie knüpft nicht am Christsein an, sondern am Menschsein, also an der gottgeschenkten gleichen Würde aller Menschen. Der Gedanke einer universalen Solidarität zwischen allen Völkern entstammt der Bibel. Daß auch Völker Rechte haben, wird am Beginn der Neuzeit erstmals in der spanischen Spätscholastik durch die Schule von Salamanca, insbesondere durch Franz von Vitoria, gegen bestimmte Praktiken der spanischen Kolonialisierung Lateinamerikas ins Feld geführt. Hier steht die Wiege des heutigen Völkerrechts, wie Hugo Grotius

---

7 Vgl. dazu ausführlicher Lothar Roos: Kapitalismus, Sozialreform, Sozialpolitik, in: Der soziale und politische Katholizismus. Entwicklungslinien in Deutschland 1803-1963, hrsg. von Anton Rauscher, Bd. 2, München 1982, 52-158.

durch seinen Hinweis auf die „großen Spanier", denen er vieles verdanke, noch wußte.[8] Heute kommt es darauf an, beide Traditionen miteinander zu verbinden: die der nationalen und die der universalen „Sozialpolitik", wozu die Kirche aufgrund ihrer globalen Struktur besonders in der Lage sein sollte.

These 3

Der Sozialstaat setzt ein bestimmtes Menschenbild und ein davon geprägtes Verständnis der Sozialprinzipien der Solidarität, der Subsidiarität und des Gemeinwohls voraus. Dem entspricht ein spezifisches Gefüge von Werten, Institutionen und Tugenden, aus und in denen der Sozialstaat existiert.

Der Sozialstaat ist kein sozio-technischer Automat. Er beruht auf einem bestimmten Wertbewußtsein und verlangt ihm entsprechende Institutionen und Tugenden. Die damit verbundenen Aufgaben lassen sich darstellen als das Miteinander der drei Sozialprinzipien der Solidarität, der Subsidiarität und des Gemeinwohls. Das Solidaritätsprinzip begrenzt das Leistungsdenken, weil es auch den Nichtleistungsfähigen in seiner Würde achtet und mit dem Lebensnotwendigen versorgt. Das Solidaritätsprinzip setzt aber zugleich das Leistungsprinzip voraus, weil Solidarität nur dann möglich ist, wenn die Leistungsfähigen ihre Leistung auch erbringen. Nur so können die notwendigen Solidarbeiträge erwirtschaftet werden. Das Solidarsystem würde unfinanzierbar, wenn jeder das wieder herausholen wollte, was er eingezahlt hat. Der Leistungsträger muß bereit sein, mehr einzuzahlen, als er empfängt. Dabei muß man darauf achten, daß seine Leistungsbereitschaft nicht über Gebühr beansprucht wird. Dies verlangt von Seiten des Leistungs-

---

[8] Vgl. Joseph Höffner: Christentum und Menschenwürde. Das Anliegen der spanischen Kolonialethik im Goldenen Zeitalter, Trier 1947.

empfängers, daß er Solidarleistungen nicht mißbraucht und sie nur im notwendigen Umfang in Anspruch nimmt. Denn gemäß dem Subsidiaritätsprinzip hat jeder einzelne nicht nur das Recht, sondern auch die Pflicht, all das selber zu tun, was er aus eigener Kraft zu leisten vermag („subsidiäre Kompetenz"). Erst in zweiter Linie hat Subsidiarität mit „Subvention" im Sinne von „Hilfe zur Selbsthilfe" („subsidiäre Assistenz") zu tun. Und wenn diese Hilfe ihr Ziel erreicht hat, dann muß sie wieder eingestellt werden („subsidiäre Reduktion"). Bei der Überprüfung eines Solidarsystems muß festgestellt werden, ob diese drei Aspekte des Subsidiaritätsprinzips, also subsidiäre Kompetenz, subsidiäre Assistenz und subsidiäre Reduktion tatsächlich gewahrt werden.[9] Norbert Glatzel[10] hat in einer überzeugenden sozialethischen Analyse nachgewiesen, daß dies im Fall der Pflegeversicherung nicht konsequent genug geschehen ist. Sonst hätte man ein anderes Finanzierungssystem wählen müssen, das nicht die Lohnzusatzkosten erhöht.

Das Gemeinwohlprinzip ist im christlichen Verständnis und in dem unseres Grundgesetzes mehr als nur eine „regulative Idee", weil es bei aller geschichtlichen Offenheit immer einen notwendigen substantiellen Inhalt hat. Dies ist so, weil der Mensch Recht hat und ihm dieses nicht erst durch einen Gesellschaftsvertrag gegeben wird. Die organisatorische Seite des Gemeinwohlprinzips verweist auf den notwendigen Umfang, aber auch auf die Grenzen der Staatsaufgaben. Christlich-soziales Denken weiß, daß Solidarität und Subsidiarität innerlich zusammengehören und daß der Staat seine Aufgabe in einer Weise wahrnehmen muß, die

---

[9] Vgl. Lothar Schneider: Subsidiäre Gesellschaft - erfolgreiche Gesellschaft. Implikative und analoge Aspekte eines Sozialprinzips, Paderborn ^{4}1996; s. auch Lothar Roos: Art.: „Subsidiarität", in: Lexikon der Wirtschaftsethik, hrsg. von G. Enderle u.a., Freiburg 1993, 1045-1049.

[10] Norbert Glatzel: Die ethischen Fundamente für die Pflegeversicherung, in: Zeitschrift für medizinische Ethik 39 (1993) 321-329.

diese Balance nicht aus dem Gleichgewicht bringt. Zugleich ist es gegen die Versuchung gefeit, man könne eine Gesellschaft ohne Tugend, also lediglich als soziotechnischen Apparat zustande bringen. Ohne die Tugenden der Solidarität und der Selbstverantwortlichkeit für all das, was man auch selber leisten kann, hat der Sozialstaat keine Zukunft.[11]

These 4

Der Sozialstaat hat sich aus bescheidenen Anfängen nach dem Zweiten Weltkrieg zu einem gewaltigen Umverteilungssystem entwickelt, durch dessen „zweite Hand" inzwischen ein Drittel des Sozialprodukts verteilt wird. Dies hat zu einer neuen Bewußtseinslage geführt, in der der innere Zusammenhang zwischen Aufwand und Ertragsfähigkeit des Sozialwohls tendenziell in Vergessenheit gerät.

Die inzwischen erreichte „Rundum-Sozialstaatlichkeit" hat zusammen mit dem Phänomen der Wohlstands- und Wachstumsgesellschaft der Nachkriegszeit zu einer neuen Bewußtseinslage geführt. Die über 500-jährige neuzeitliche Befreiungsgeschichte hat in den letzten 50 Jahren sozusagen einen spezifischen Schub bekommen. Die gegenwärtige jüngere Generation ist in eine menschheitsgeschichtlich bisher unbekannte Wohlstandsgesellschaft hineingewachsen. Der revolutionäre Charakter dieses technisch-ökonomisch bedingten Befreiungsschubs ist ihr insofern wenig bewußt, als sie die vorausgehende Armutsgesellschaft ihrer Großeltern nicht mehr erlebt hat. Was in den beiden ersten Jahrhunderten der Industriegesellschaft einschließlich der Wiederaufbauzeit nach dem Zweiten Weltkrieg nur ei-

---

[11] Vgl. dazu auch Manfred Spieker: Menschenbild und Sozialstaat, in: Christliches Menschenbild und soziale Orientierung (Mönchengladbacher Gespräche 13), hrsg. von Anton Rauscher, Köln 1993, 95-120.

ner allmählich wachsenden Oberschicht zur Verfügung stand, ist jetzt quasi zum Allgemeingut geworden. Am Ende dieser Entwicklung hat und fordert jeder ein Recht auf kurze Arbeitszeit, gutes Einkommen, entsprechende Freizeit- und Urlaubsaktivitäten, auf einen umfassenden sozialen Schutz und eine krisensichere Gesellschaft. Man empfindet sich mehr und mehr frei von den Fesseln knapper wirtschaftlicher Ressourcen. Dabei verbreitete sich immer deutlicher die sozio-technische Illusion, eine reiche und sichere Gesellschaft sei eine Sache der politisch-gesellschaftlichen Superstrukturen in der Gestalt des Staates und der etablierten Wirtschaftsverbände, die ihre Leistungen erbringen, ohne daß man ein entsprechendes persönliches Ethos aufbringen muß. Der Sozialpsychologe Gerhard Schmidtchen spricht von einer „konsumatorischen Philosophie" bei der Nachfrage nach gesellschaftlichen Leistungen, die deren „Aufwandseite" gedanklich ausklammert und gleichzeitig die Institutionen in ihrer „Leistungsfähigkeit als unermeßlich" ansieht.[12]

Auf einen kurzen Nenner gebracht: Es verbreitete sich allmählich eine „Vollkasko-Mentalität", die eine „Rundumversorgung" in allen Lebenslagen für selbstverständlich hält. Wodurch der Sozialstaat dies kann, tritt bewußtseinsmäßig in den Hintergrund. Der Sozialstaat erscheint nach einem öfter zitierten Wort wie eine „Kuh, die im Himmel gefüttert und auf Erden gemolken wird".

These 5

Der Sozialstaat hat seine eigentliche Bewährungsprobe noch vor sich. Wir müssen jetzt lernen, ihn in einer eher stagnierenden Wirtschaft, bei sinkenden Realeinkom-

---

[12] Gerhard Schmidtchen: Ethik und Protest. Moralbilder und Wertkonflikte junger Menschen. Mit Kommentaren von Lothar Roos und Manfred Seitz, Opladen ^{2}1993, 250-252, 259-262.

men und einem mit bisherigen Methoden nicht mehr ausgleichbaren Arbeitsmarkt umzubauen. Dies erfordert eine gewaltige geistige, ethische und politische Anstrengung.

Die Unaufhaltsamkeit einer offenen Weltwirtschaft (Globalisierung), in der alle mit allen konkurrieren, führte zusammen mit einigen anderen Faktoren in Deutschland und anderen westlichen Industrieländern - ausgenommen die USA, sowie Schweden und Holland, die bereits „umgesteuert“ haben - zu einem Rückgang der Beschäftigung, der Steuereinnahmen und der Sozialabgaben. Die sich immer mehr abzeichnende Unterfinanzierung des Sozialstaats wurde eine Zeit lang durch Steuer- und Abgabenerhöhungen und steigende Staatsverschuldung abzufangen versucht - ein Weg, dessen Grenze erreicht oder bereits überschritten ist. Arthur F. Utz sieht den „Wirtschaftsethiker in der gleichen Lage wie den Arzt, dem der süchtige Patient erklärt, eine Änderung seiner Lebensweise komme nicht in Frage.“ Utz meint: „Die Zukunft der Marktwirtschaft hängt nicht zuletzt von der Verminderung der öffentlichen Sozialausgaben ab. Je höher der Prozentsatz des Inlandsprodukts, der für die öffentlichen Sozialausgaben verwendet wird, um so geringer der Ansporn zur Eigeninitiative. Die unbeherrschte Eigendynamik der Sozialpolitik führt schließlich zur Erdrückung der Marktwirtschaft“.[13] Negativ überlagert wird diese Entwicklung durch die zunehmende demographische Belastung des Solidarsystems. Die Geburtenlücke könnte übrigens bereits durch den Verzicht auf die derzeit registrierten „legalen“ Abtreibungen fast geschlossen werden. Dessen ungeachtet hängt natürlich alles davon ab, wie viele wirtschaftliche Arbeitsplätze es gibt.

In den westlichen Wachstums- und Wohlstandsgesellschaften galt bis dato die Maxime, daß Einkommen in der Regel steigen und allenfalls bei vorübergehenden

[13] Arthur F. Utz: Wirtschaftsethik, Bonn 1994, 176.

konjunkturellen Einbrüchen absinken können. Damit wird man in Zukunft kaum rechnen können. Wenn sich nicht bestreiten läßt, daß die Weltgesellschaft wegen der dazu nicht ausreichenden Ressourcen nicht auf das ökonomische Niveau der heute führenden Industriegesellschaften angehoben werden kann, dann können die Menschen in den ökonomisch reichsten Staaten ihr Wohlstandsniveau nicht zum unantastbaren Besitzstand erklären. Die bisherigen Strukturen der weltwirtschaftlichen Beziehungen vermochten es, diese Wahrheit unter der Decke zu halten. Obwohl wir noch einiges von einer totalen Globalisierung der Weltwirtschaft entfernt sind, ist deren Ausmaß seit dem Zusammenbruch des Kommunismus in Europa, den entsprechenden Abmachungen der WTO (World Trade Organization) und infolge des inzwischen weltweit frei fließenden Kapitalverkehrs nicht mehr aufzuhalten.

Aus all dem folgt, daß alle sozialstaatlichen Leistungen anhand der drei Maximen überprüft werden müssen: Welche Solidarleistungen sind um der Würde und der damit zusammenhängenden sozialen Rechte willen unverzichtbar? Welche bisherigen Sozialleistungen sind teilweise durch zumutbare Eigenleistungen zu ersetzen? Welche zusätzlichen Solidarleistungen sind von der sozialen Gerechtigkeit gefordert? Bei der Verwirklichung dieser drei Maximen führt kein Weg daran vorbei, daß die Summe sämtlicher Einzelposten unter dem bisherigen Sozialleistungsniveau liegen muß.

These 6

Die Leistungen unseres Sozialstaats werden derzeit zu ca. einem Drittel aus Steuermitteln und zu ca. zwei Dritteln aus Abgaben finanziert, die auf dem Produktionsfaktor Arbeit lasten. Die Höhe dieser Abgaben ist der entscheidende Grund für die Spitzenstellung Deutschlands bei den Personalzusatzkosten. Die andauernd hohe Arbeitslosigkeit belastet das Solidarsy-

stem empfindlich durch Einnahmeausfälle. Sehr hilfreich wäre folglich ein höherer Beschäftigungsgrad. Wichtigste Voraussetzungen dafür sind niedrigere Personalgesamtkosten und die Erschließung neuer Beschäftigungsfelder insbesondere in den Dienstleistungsbereichen.

Fast alle diesbezüglichen Berechnungen von Wirtschaftswissenschaftlern kommen zu dem Ergebnis, daß die Gesamtpersonalkosten in Deutschland derzeit um ca. 20% zu hoch sind. Dabei ist es prinzipiell gleichgültig, ob man mit der Korrektur bei den Personalkosten oder den Personalzusatzkosten ansetzt. Vermutlich ist eine Kombination beider nötig und sinnvoll.

Ein bisher kaum angegangenes Problem ist außerdem die auffällige Beschäftigungslücke im Dienstleistungssektor von ca. 20%, die derzeit im Vergleich zu den USA klafft. In Deutschland herrscht ein ausgesprochener Mangel an einfachen, entsprechend niedrig bezahlten Dienstleistungen. Derzeit augenfälligstes Beispiel ist das Schließen von Post- und Bankfilialen und die Nichtbedienung des Kunden in den Kaufhäusern. Im industriellen Sektor wurden solche einfachen Tätigkeiten wegen der zu hohen Lohnkosten längst ins Ausland verlagert, im Dienstleistungssektor werden sie aus dem gleichen Grund schlicht nicht angeboten. Mehr Menschen als gegenwärtig in sozialversicherungspflichtige Beschäftigungsverhältnisse zu bringen, wäre neben Leistungseinsparungen der entscheidende Ansatzpunkt für die Verbesserung der finanziellen Grundlagen des Sozialstaats.

Zu diskutieren ist auch der Vorschlag, die Sozialversicherung von sogenannten „versicherungsfremden Leistungen" zu entlasten und diese aus allgemeinen Steuermitteln zu finanzieren. Die dann unumgängliche Steuererhöhung ist zwar problematisch, ließe sich aber auf der Konsumseite noch am ehesten rechtfertigen. Der Einwand, daß damit „die Armen" benachteiligt würden, trifft in unserer Gesellschaft dann kaum zu, wenn man bei den direkten Steuern ein gut bemessenes Existenzminimum einschließlich der „externen Leistungen" der Familien steuerfrei beläßt, bei den indirekten Steuern die Mietausgaben unbesteuert hält und die Lebensmittel des einfachen Konsums mit einer nur niedrigen Mehrwertsteuer belegt. Aber selbst, wenn die damit angedeuteten Entlastungsmaßnahmen optimal greifen würden, würde das nicht ausreichen, um den leistungsmäßigen Status quo des Sozialstaats auf dem derzeitigen Niveau zu halten. Deshalb sind weitere Überlegungen notwendig.

These 7

Die subsidiäre Basis unseres Sozialstaats ist zu schmal geworden, um den solidarischen Überbau im bisherigen Umfang auf Dauer zu sichern. Wir brauchen deshalb eine Kurskorrektur in Richtung auf mehr persönliche Selbsthilfe, gesellschaftlich organisierte Solidarität und ökonomische Selbständigkeit. Dieser Ansatz muß vor allem im Bereich der einzelnen Zweige der Sozialversicherung und bei der Sozialhilfe mit je spezifischen Maßnahmen in Angriff genommen werden.

Die eben angesprochenen Einzelposten sollen wenigstens durch kurze Hinweise präzisiert werden. Am weitesten scheint die Diskussion (nicht die Realisierung!) im Bereich der gesetzlichen Rentenversicherung (GRV) fortgeschritten zu sein. Dies vor allem deshalb, weil sich in Deutschland doch allmählich herumspricht, daß angesichts der demographischen und beschäftigungsmäßigen Entwicklung die derzeitige Rentenformel nicht zu halten ist. Die Sozialrente der Zukunft kann nur eine Grundversorgung bereitstellen und muß durch eine eigene private Altersvorsorge ergänzt werden, wobei durchaus auch betriebliche Ansätze genutzt werden können. Eine solche Eigenbeteiligung an der eigenen Altersversorgung ist angesichts jährlicher Ausgaben von z.B. 83 Mrd. DM für Tourismus (1996), einem privaten Immobilienvermögen von ca. 5 Bio. DM und einem Geldvermögen von nochmals ca. 4,5 Bio. DM der privaten Haushalte, das sich in den zurückliegenden 10 Jahren mehr als verdoppelt hat, nicht unzumutbar. Die Erträge allein der privaten Geldvermögen beliefen sich 1995 auf ca. 220 Mrd. DM, wovon 180 Mrd. DM Arbeitnehmern zuflossen. Dieser Betrag ist höher als die Hälfte der von der GRV ausgezahlten Rentenbeträge. Seine Verteilung macht deutlich, daß der größte Teil der Bevölkerung durchaus in der Lage wäre, sich eine zusätzliche Altersversorgung aufzubauen.

Bei den betrieblichen Ansätzen ist nicht nur an eine zusätzliche Betriebsrente zu denken, sondern auch an eine steuerlich geförderte Beteiligung aller Bürger am Produktivkapital der Wirtschaft[14], auch über internationale Pensionsfonds. Die Volkswagen AG hat für ihre Betriebsangehörigen z.B. ein Modell der investiven Kapitalbeteiligung am eigenen Unternehmen entwickelt, das bei einer Aufbauzeit von 40 Jahren am Ende eine monatliche Kapitalrendite von bis zu 450 DM erwarten läßt.

Im Bereich der gesetzlichen Krankenversicherung befinden wir uns derzeit noch in einer Situation, in der notwendige Reformen nur durch massiven staatlichen Zwang durchsetzbar waren bzw. erst allmählich in Gang kommen.

Am schwierigsten und vielleicht auch heikelsten ist der Arbeitsmarkt umzugestalten. Hier sind es die Tarifpartner, die bisher Veränderungen des geläufigen Systems aufgrund gemeinsamer vordergründiger Interessen verhindern. Ein eklatantes Beispiel dafür ist der im Herbst 1996 abgeschlossene Tarifvertrag im Einzelhandel. Er sieht vor, daß die durch das veränderte Ladenschlußgesetz anfallende Mehrarbeit durch Überstunden

---

[14] Vgl. Lothar Roos: Vom Arbeitnehmer zum Wirtschaftsbürger, Reihe „Kirche und Gesellschaft“ Nr. 218, hrsg. von der Katholischen Sozialwissenschaftlichen Zentralstelle Mönchengladbach, Köln 1995.

mit 20% Aufschlag erledigt wird. Dies dient allein der Sicherung der Löhne der bereits Beschäftigten und der Gewinne der Unternehmen. Die Arbeitslosen bleiben vor der Tür.[15] Die Tarifpolitik der zurückliegenden zwei Jahrzehnte ist der Hauptgrund für die derzeit hohe Arbeitslosigkeit.

Weiter müßte überlegt werden, wie das System der Lohnersatzleistungen so verändert werden könnte, daß es mehr Anreize zur Aufnahme einer Arbeit bietet. Sozialethisch könnte man hier die Grundmaxime formulieren: Es ist für den einzelnen wie für die Sozialversicherung insgesamt zuträglicher, von einem selbstverdienten, wenn auch niedrigen Einkommen plus sozialstaatlichen Transferleistungen zu leben als nur von diesen abhängig zu sein. Dies gilt insbesondere für Langzeitarbeitslose, die Arbeitslosenhilfe bzw. Sozialhilfe empfangen. Hier wurde mit der Novellierung des Arbeitsförderungsgesetzes (AFEG) ein neuer Versuch unternommen, den zu nutzen Bundesminister Blüm immer wieder anmahnt.

These 8

Die langfristig gravierendste Form der Entsolidarisierung in unserer Gesellschaft ist die faktische Kündigung der demographischen Solidarität zwischen den Generationen. Wenn es nicht gelingt, die fundamentale Solidargemeinschaft der Familie zu regenerieren, hat der Sozialstaat eine unsichere Zukunft.

Auf dem Umschlag des Buches von Meinhard Miegel und Stefanie Wahl „Das Ende des Individualismus. Die Kultur des Westens zerstört sich selbst“ (Bonn 1993), in dem sich die Autoren mit dem demographischen Problem beschäftigen, finden sich Dürers „Apokalyptische

---

[15] Vgl. Lothar Roos: Heilige Kühe und unheilige Allianzen. Eine Tarifpolitik, die nicht auch an die Arbeitslosen denkt, ist nicht sozial, in: FAZ Nr. 255/15 vom 01.11.1996.

Reiter". Eine übertriebene Panikmache? Auch in einem kürzlichen Interview des französischen Demographen Le Bras findet sich das Wort Apokalypse. Dabei geht es nicht primär um die Möglichkeit des Aussterbens eines Volkes. Viel schlimmer als dies erscheint der Weg dorthin. „Wir fürchten den Verlust von Dynamik und Vitalität", meint Le Bras und wundert sich über die deutsche Verdrängung des Problems.[16] Gewiß, es wird schon einiges getan: Erziehungsgeld, sozialversicherungsrechtliche Anrechnung von Erziehungsleistungen, Verbesserungen des Kindergeldes bzw. der steuerlichen Freistellung des familiären Existenzminimums, Verbesserung der Wohneigentumsförderung der Familien mit Kindern. Dies genügt aber nicht. Der Augsburger Wirtschaftswissenschaftler Heinz Lampert sieht immer noch eine erhebliche Lücke zwischen den von den Familien für die Gesamtgesellschaft bereitgestellten Leistungen und dem dafür empfangenen „Ausgleich".[17] Diese Lükke kann und soll selbstverständlich finanziell nicht geschlossen, aber sie muß verringert werden. Das Rentenaufbringungssystem z.B. muß so umgestaltet werden, daß der generative Beitrag durch eine entsprechende Anrechnung der Erziehungszeiten berücksichtigt wird.[18]

These 9

Die Reform des Sozialstaats ist nicht nur eine Aufgabe persönlicher Moral. Sie kann vielmehr nur mit Hilfe in-

---

[16] Vgl. dazu Hervé Le Bras, FAZ-Magazin vom 15.11.1996, Heft 872, 94f.

[17] Heinz Lampert: Priorität für die Familie. Plädoyer für eine rationale Familienpolitik, Reihe „Soziale Orientierung", Bd. 10, hrsg. von der Katholischen Sozialwissenschaftlichen Zentralstelle Mönchengladbach, Berlin 1996.

[18] Zur Rentenreform insgesamt vgl. Lothar Roos: Reform statt Reförmchen. Das Konzept des Bundes Katholischer Unternehmer, in: Rheinischer Merkur vom 09.05.1997, Nr. 19, 12.

telligenter Strukturreformen gelingen. Dabei muß man sich vor „Rationalitätenfallen" hüten und auch das festgefahrene System der Tarifautonomie einbeziehen.

Das „Wort" der Kirchen enthält in den zehn vorangestellten Thesen die bemerkenswerte Aussage: „Die Qualität der sozialen Sicherung und das Leistungsvermögen der Volkswirtschaft bedingen einander" (6). Dies bedeutet nicht, daß die Sozialpolitik einfach eine Folge der Wirtschaftspolitik wäre, wohl aber, daß es notwendige innere Zusammenhänge gibt, die man beachten muß. Eine besonders bemerkenswerte Einzelanalyse dieses Zusammenhangs findet sich in einem Aufsatz des Würzburger Volkswirtschaftslehrers Norbert Berthold.[19] Er zeigt, um einen alten Terminus von Philipp Herder-Dorneich zu bemühen, verschiedene „Rationalitätenfallen" des Sozialstaats auf, von denen hier nur eine skizziert werden soll. Sie ergibt sich daraus, daß die Arbeit viel weniger mobil ist als das Kapital. Es werde deshalb „immer schwerer, den Produktionsfaktor Realkapital zur Finanzierung" sozialstaatlicher Maßnahmen heranzuziehen. Unter den Bedingungen eines globalen Kapitalmarktes wäre es „fatal", wenn die Politik versuchte, „Realkapital verstärkt zur Kasse zu bitten. Die gegenteilige Strategie ist sinnvoll. Wenn es durch attraktive (steuerliche) Rahmenbedingungen gelingt, den international mobilen Faktor Realkapital ins Land zu locken, steigt die Produktivität der immobilen Faktoren und deren Einkommen." Insofern besteht ein logischer Zusammenhang zwischen der Wirtschafts-, Finanz-, Sozial- und Tarifpolitik. Die - auch im „Wort" der Kirchen als Gegenmittel angedeutete - Kontrolle bzw. Besteuerung von Kapitaltransaktionen (Tobin-Steuer) ist nicht nur aufgrund bereits bestehender völkerrechtlicher Abkommen nicht durchsetzbar. Sie liefe auch darauf hinaus, „unter dem Deckmantel der sozialen Gerechtigkeit weniger entwickelten Regionen und

---

[19] Norbert Berthold: Der Sozialstaat auf dem Prüfstand, in: FAZ vom 02.11.1996, Nr. 256/15.

Ländern Steine in den Weg" zu legen, „der Armut aus eigener Kraft zu entkommen". Letztlich würden sich dabei „alle schlechter" stellen. „Wir haben nur die Wahl zwischen einer defensiven, letztlich erfolglosen, und einer offensiven Strategie, die unseren Wohlstand erhöht, ohne elementare sozialpolitische Ziele zu verletzen. Wenn wir die defensive Strategie wählen und uns mit Flickschusterei und Protektionismus über die Runden retten wollen, wird sich das international mobile Kapital aus dem Staub machen und den Sozialstaat in den Kollaps treiben."

Der amerikanische Religionsphilosoph und Sozialethiker Michael Novak[20] setzt sich von einer Interpretation der Enzyklika „Quadragesimo anno" ab, wonach soziale Gerechtigkeit vor allem durch den Staat zu verwirklichen sei. Pius XI. gehe es viel stärker um soziale Gerechtigkeit als Tugend. Novak fordert in diesem Sinne eine Neubelebung der „Civil Society". Er sieht in den traditionellen Sozialstaaten zuviel festgelegte Verfaßtheit, zuwenig „Spielraum für praktische Klugheit und weise Vernunft". Man übersehe, daß „die freie Gesellschaft ... ein Experiment und keine Garantie" darstelle. Ähnlich fordert auch das „Wort" der Kirchen in guter Anlehnung an den amerikanischen Kommunitarismus „Formen assoziativer Selbsthilfe" (156), „Bürgerinitiativen, neue soziale Bewegungen" (159). Michael Novak kennt allerdings zuwenig und das Kirchenpapier übersieht geflissentlich: Was bei uns derzeit die Zivilgesellschaft, die Kreativität der Bürger und der freidenkenden Gruppen verhindert, ist nicht so sehr der Staat als vielmehr das festgefahrene Kartell der Verbände, insbesondere das Tarifkartell, dessen Macht weit ins Parlament hineinreicht und das zudem seinen stärksten Rückhalt in unserem individuellen und kollektiven Ar-

---

[20] Michael Novak: Die katholische Ethik und der Geist des Kapitalismus, Trier 1996, 83-111 passim.

beitsrecht findet.[21] Symptomatisch dafür ist die Entscheidung des Bundesarbeitsgerichts in Sachen „Viessmann". Da gelingt es einem Unternehmen, in einem wahrhaft zivilgesellschaftlichen Akt durch vernünftigen Diskurs und mit Zustimmung von 95% der Belegschaft und des Betriebsrates ein neues Zweigwerk nicht in Tschechien, sondern in Deutschland zu errichten und damit 250 neue Arbeitsplätze zu schaffen - unter der einen Bedingung, daß die Belegschaft in der Woche unentgeltlich 1,5 Stunden mehr als bisher arbeitet. Daraufhin verklagt die IG Metall den Betriebsrat und verlangt seine Absetzung. Dem wird zwar höchstrichterlich nicht stattgegeben, aber nur deshalb, weil nicht die Gewerkschaft klageberechtigt sei, sondern nur einzelne Belegschaftsmitglieder. Zugleich wird festgestellt, daß der Betriebsrat nicht die Kompetenz habe, über Betriebsvereinbarungen bestehende Tarifverträge zu verändern.[22]

Das deutsche System des individuellen und kollektiven Arbeitsrechts gehörte lange Zeit zu den weltweit vorbildlichen Institutionen des sozialen Friedens. Es ist aber ohne Veränderung nicht fähig, die aufgelaufenen Probleme zu lösen. Das fordern heute viele namhafte Arbeitsrechtler. Auch das neue Grundsatzprogramm des Deutschen Gewerkschaftsbundes zeigt sich hier grundsätzlich offen. Der Zentralismus und Uniformismus der bisherigen Praxis führte bereits seit einigen Jahren zu einer zunehmenden „Flucht aus den Verbänden". Warum hat man nicht den Mut, den bisherigen Flächentarif als Rahmen zu verstehen, der den Betriebsräten über

---

[21] Zum „Wort" der Kirchen „Für eine Zukunft in Solidarität und Gerechtigkeit" vgl. auch Anton Rauscher: Den Grundkonsens erneuern. Das Wort der Kirchen zur wirtschaftlichen und sozialen Lage in Deutschland, Reihe „Kirche und Gesellschaft" Nr. 239, Köln 1997, sowie verschiedene Beiträge in: Die Neue Ordnung 51 (1997), Heft 2.

[22] Vgl. dazu die Beiträge von Wolfgang Ockenfels, Michael Novak, Lothar Roos, Joachim Sand, Gerhard Merk, André Habisch, in: Die Neue Ordnung 50 (1996) 402-454.

das Instrument der Betriebsvereinbarung die Möglichkeit gibt, sich vor Ort und nach (sehr unterschiedlicher) Lage mit den Unternehmen zu einigen? Nötig wären dazu eine entsprechende Änderung des Betriebsverfassungs- und des Tarifvertragsgesetzes und der Mut zu mehr Subsidiarität.

These 10

Bei der Diskussion um die Zukunft des Sozialstaates sollte man eine Reihe von immer wieder auftauchenden Fußangeln vermeiden. Zugleich sollten christliche Sozialethik und kirchliche Sozialpraxis durch Mut zur Wahrheit und durch überzeugende Beispiele Hilfen zur Bewältigung anstehender Probleme vermitteln.

Bei der Diskussion um die Zukunft des Sozialstaates bzw. die Ursachen seiner Inanspruchnahme sollte man zumindest im kirchlichen Bereich den Mut haben, auf moralische Ursachen von Armut bzw. Leistungsmißbrauch hinzuweisen. Wenn z.B. die Sozialhilfeempfängerzahlen bei deutschen Kindern unter sieben Jahren in den letzten Jahren vergleichsweise überdurchschnittlich zugenommen haben, dann hängt dies hauptsächlich damit zusammen, daß 63% dieser Kinder im Alter bis zu sieben Jahren in Haushalten mit nur einem Elternteil leben. Sie bedürfen vor allem deshalb der Sozialhilfe, weil sich ihr leiblicher Vater seiner finanziellen Verantwortung entzieht. Nur ein Teil der Väter kommt seiner Verpflichtung aus dem Unterhaltsvorschußgesetz (UVG) nach. Von dieser „Wahrheit" und ihren Ursachen ist aber selten etwas zu hören.

Den Kirchen als wichtigen Organisatoren und Motivatoren gesellschaftlicher Solidarität könnte bei der Reform des Sozialstaats eine beispielgebende Rolle zukommen. Daß die Shareholder-Value-Politik durch „Verschlankung" der Belegschaften einerseits und die Besitzstandswahrung andererseits die zwei Seiten der gleichen Medaille darstellen, wird immer deutlicher.

Eine Frage wird z.B. sein, ob die kirchlichen sozialdiakonischen Verbände und Einrichtungen sich anders verhalten als bisher die Tarifpartner. In Einzelfällen gibt es bereits vorbildliche, in Betriebsvereinbarungen getroffene Lösungen, in Krisensituationen Arbeitszeiten und Löhne zu kürzen, dadurch die Arbeitsplätze zu sichern und die Mitarbeiter gleichzeitig möglichst investiv am Gewinn angemessen zu beteiligen. Solche Modelle sollten mehr praktiziert und publiziert werden.

Die Hauptaufgabe der Kirchen besteht in der geistigen und geistlichen Begleitung der notwendigen Anpassungsprozesse. Die Vertreter der Kirchen müssen weder auf Gewerkschaftskongressen in ihrem Amt bestätigt werden noch politische Wahlen gewinnen. Gerade deshalb sollten und müßten sie den Mut zu Wahrheit haben. Die Kirchen sollten darauf achten, daß bei notwendigen Einschränkungen die Lasten nach Maßgabe der Leistungsfähigkeit verteilt werden. Dabei sollten sie aber sehr genau hinsehen und nicht den lautstarken Protest von Interessengruppen mit der Not der Bedürftigen verwechseln. Alles in allem wird der Sozialstaat nur dann eine gute Zukunft haben, wenn sich die Menschen wieder auf seine ethischen Grundlagen besinnen. Dies öffentlich angesprochen zu haben, ist das Hauptverdienst des Wortes der Kirchen „Für eine Zukunft in Solidarität und Gerechtigkeit".

Wir sind heute strukturell viel „sozialer" als habituell.[23] Erst wenn diese Diskrepanz überwunden wird, lassen sich die notwendigen Veränderungen des Sozialstaats so gestalten, daß er, wenn auch mit verringertem staatlichem Umfang, eine durchaus stabile gesellschaftliche Zukunft haben kann.[24]

---

[23] Vgl. dazu auch Ludger Kühnhardt: Jeder für sich und alle gegen alle. Zustand und Zukunft des Gemeinsinns, Freiburg 1994.

[24] Zur Thematik des Sozialstaates vgl. auch in der Reihe „Mönchengladbacher Gespräche" die jeweils von Anton Rauscher hrsg. Bde. 8 (Armut im Wohlfahrtsstaat, Köln 1987) und 14 (Probleme der sozialen Sicherungssysteme, Köln 1993).

Joachim Wiemeyer

Spaltung der Gesellschaft?

Strukturfragen im Sozialhilfebereich

Einleitung

„Doch eigentlich sollte es bei dir keine Armen geben" (Dtn 15,4) lautet das Ideal der alttestamentlichen Sozialordnung, dem aber wenige Zeilen später ein Glossator - in Anpassung an die Realität - hinzufügt: „Die Armen werden niemals ganz aus Deinem Land verschwinden" (Dtn 15,11). Dies greift Jesus im Neuen Testament (Mk 14,7 par) wieder auf. Diese Spannung zwischen sozialethischem Ideal und der sozialen Realität bewegt also die Menschen seit den Zeiten des Alten Testaments.

Leitbild für die alttestamentliche Ordnung ist eine Gesellschaft ohne gravierende soziale Unterschiede. Deshalb ist ja beim Einzug in das „gelobte Land" der Boden gerecht - per Losentscheid - auf die Stämme verteilt worden (Num 26,52-56). Ein „Solidaritätsethos mit den Schwachen"[1] wird in vielen Bestimmungen des „jüdischen Gesetzes" deutlich, wo immer wieder die Rücksichtnahme auf die „Armen" - typische Armutspersonen sind Fremde, Witwen und Waisen (vgl. u.a. Dtn 14,29) - gefordert wird. Es gibt die Solidaritätspflichten der Großfamilie, etwa verschuldeten Familienangehörigen den Erbbesitz an Boden zu sichern (Lev 25,25), und nach 50 Jahren, im Jubeljahr, eine Rückgabepflicht (Lev 25) an die ursprünglichen Eigentümer. Diese ist aber wohl in der Realität nicht praktiziert worden.[2] Die entgegen diesem Leitbild tatsächlich eingetre-

---

1 Vgl. Eckard Otto, Theologische Ethik des Alten Testaments, Stuttgart - Berlin - Köln 1994, S. 264f.

2 Ebd., S. 255.

tenen sozialen Unterschiede, die Spaltung der vorexilischen Gesellschaft nach Einführung des Königtums, werden von der prophetischen Sozialkritik, vor allem dem Propheten Amos, angeklagt.

Nach dem Ausweis des Evangeliums stellt sich Jesus in diese alttestamentliche Tradition: Er ist gekommen, den Armen eine gute Nachricht zu bringen (Lk 4,18), und preist sie selig (Lk 6,20b). Die Arm-Reich-Thematik, also die Spaltung der damaligen Gesellschaft, wird im lukanischen Doppelwerk immer wieder aufgegriffen, etwa in der Kritik an hartherzigen Reichen (Lk 16,19-31).

Auch für das Leben der Urgemeinde war die Frage des Umgangs mit den ökonomischen Gütern ein wichtiges Problem. Daß sie doch nicht ganz „ein Herz und eine Seele" (Apg 4,32) war, zeigt sich daran, daß Lukas wenige Zeilen später berichtet, daß für eine gerechte Versorgung aller Gemeindemitglieder eigens Diakone (Apg 6,1-7) installiert werden mußten. Ähnliche Konflikte und Unsicherheiten über das nach dem christlichen Glauben angemessene Verhalten in sozio-ökonomischer Hinsicht treten bei den frühen paulinischen Gemeinden auf. Bei der Gestaltung des Abendmahls in der Gemeinde von Korinth (1 Kor 11) geht es um die Frage, wie sich die Gemeinschaft des eucharistischen Brotes zur Teilhabe aller Christen an dem zum Leben notwendigen täglichen Brot verhält. An anderer Stelle muß Paulus die Thessaloniker (2 Thess 3,10) ermahnen, durch eigener Hände Arbeit ihren Lebensunterhalt zu verdienen.

Da sich heute die sozio-ökonomische Situation im Vergleich zu den Zeiten des Alten und Neuen Testaments grundlegend gewandelt hat, ist es nicht notwendig, näher auf Details dieser biblischen Perspektiven einzugehen. Ihnen kommt - und das gilt generell für sozialethische Fragen - eine heuristische Funktion zu: Christen sind immer in ihrer jeweiligen Zeit aufgerufen, nach Spaltungen der gegenwärtigen Gesellschaft, nach den Armen heute zu fragen. Denn in der christlichen

Botschaft hat die „vorrangige Liebe oder Option für die Armen“ (SRS Nr. 42), wie Johannes Paul II., beeinflußt von der Theologie der Befreiung, formuliert, einen zentralen Stellenwert. Auch das gemeinsame Wort der Kirchen „Für eine Zukunft in Solidarität und Gerechtigkeit“ [3] (Nr. 107) macht sich diese Option zu eigen.

Diese vorrangige „Option für die Armen“ wird von der Kirche nicht allein durch materielle Hilfe, durch die Arbeit der Caritas und den Einsatz für gerechte soziale Strukturen ausgeübt. Unter Bedingungen weitgehend gerechter Sozialstrukturen hat die kirchliche Verkündigung von Glaube und Sittenlehre eine armutspräventive Wirkung, weil sie materielle Armut verhindern kann, indem sie Lebenssinn vermittelt und Verhaltensweisen sowie Formen gelungenen Lebens aufzeigt.

Zwar kann das Thema „Armut“ nicht auf Sozialhilfebedürftigkeit beschränkt werden. Letztere steht aber im Mittelpunkt der nachfolgenden Überlegungen.

I. Zur Entwicklung der Sozialhilfe in der Bundesrepublik Deutschland

1. Historischer Rückblick

Vor Einführung der Sozialversicherung war die staatliche Armenfürsorge praktisch die einzige öffentliche Maßnahme der sozialen Absicherung.[4] Armenfürsorge war Bestandteil der Ortspolizei, d.h. sie war mit repressiven staatlichen Maßnahmen wie staatlichen Armenhäusern oder Vertreibung von nicht ortsansässigen Armen aus der Gemeinde verbunden. Bis 1919 war in Deutschland der Bezug von Fürsorgeleistungen mit ei-

---

[3] Vgl. auch den Kommentar von Marianne Heimbach-Steins und Andreas Lienkamp, München 1997.

[4] Vgl. zur historischen Entwicklung auch den Beitrag von Gerhard A. Ritter in diesem Band.

ner Ausgliederung aus der bürgerlichen Gesellschaft im wörtlichen Sinne verbunden, es wurde nämlich den männlichen Fürsorgeempfängern das zentrale Bürgerrecht, das Wahlrecht entzogen. Erst seit 1919 haben Frauen und Fürsorgeempfänger in Deutschland das Wahlrecht.

Diese ausgrenzende und diskriminierende Bedeutung von Fürsorge in Verbindung mit polizeilichen Maßnahmen ist bis in die Gegenwart hinein noch im Bewußtsein der älteren Bevölkerung vorhanden, so daß hier neben Unkenntnis, Scheu vor den Behörden und ihren bürokratischen Verfahren, Heranziehung der Kinder zu Unterhaltspflichten etc. ein Grund für die Nichtbeantragung von Sozialhilfe vorliegt.

Das Bundessozialhilfegesetz von 1961 wollte bewußt schon in seiner Bezeichnung eine Abkehr von dem alten überlieferten Fürsorgekonzept darstellen. „Soziale Hilfe“ war als ein Positivbegriff konzipiert. Soziale Arbeit als Hilfe zur Selbsthilfe sollte an die Stelle repressiver Traditionen treten. Zugangsbarrieren zur Hilfe sollten überwunden werden. Das Sozialhilfegesetz war Bestandteil der Sozialreformen der 50er Jahre, etwa der dynamischen Rente, die Altersarmut weitgehend beseitigte.[5] Ziel war es, daß Sozialhilfe ein letztes Auffangbecken für Personen mit atypischen Lebensläufen und besonderen individuellen Problematiken darstellt, deren Lebenssituation nicht durch die typisierende Risikoabsicherung der Sozialversicherung erfaßt wird. Sozialhilfe soll nicht nur ein menschenwürdiges Leben ermöglichen, sondern den Empfänger „soviel wie möglich befähigen, unabhängig von ihr zu leben; hierbei muß er nach Kräften mitwirken“ (§ 1 BSHG).

Die Sozialhilfe hat die Notlagen aufzufangen, die eine wohlgeordnete Gesellschaft nie vermeiden kann, die aus besonderen Schicksalsschlägen wie aus indivi-

---

[5] Vgl. Stephan Leibfried/Lutz Leisering u.a., Zeit der Armut, Frankfurt a.M. 1995, S. 215f.

duellem Fehlverhalten einzelner, seien es sachliche wie moralische Irrtümer, erwachsen. Diese können nie ganz vermieden werden, weil die Gesellschaft sonst ihren freiheitlichen Charakter in Frage stellen würde. Ursprünglich lagen in der Perspektive der Sozialhilfe also Personen wie von Geburt an Behinderte, Straffälliggewordene, Nichtseßhafte, Suchtkranke u.a. In der Terminologie der Sozialhilfe ist hier „Hilfe in besonderen Lebenslagen" zu gewähren.

Im gesellschaftlichen Normfall sollte aber durch eigene Erwerbsarbeit, daraus abgeleitete Sozialversicherungsansprüche und den Familienverband mit ergänzender staatlicher Hilfe eine umfassende Absicherung gewährleistet sein, so daß der Bezug von Sozialhilfe unnötig ist. Leitbild war die Familie mit dem erwerbstätigen Mann, der nicht oder höchstens ergänzend erwerbstätigen Ehefrau und zwei oder mehr Kindern. Deutlich wurde dies an der bis Anfang der 60er Jahre geltenden Heiratserstattung in der Rentenversicherung: Diese wurde gewährt, weil die Frau durch die Eheschließung ja über den Mann nun lebenslang versorgt schien. Dieses Konzept war in der Zeit der weitgehenden Vollbeschäftigung und niedriger Scheidungsraten bis 1970 erfolgreich. Die Zahl der Sozialhilfeempfänger für Hilfe zum Lebensunterhalt ging auf rd. 700 000 im Laufe eines Jahres zurück. Wie sie sich seither entwickelt hat, soll im folgenden näher analysiert werden.

2. Die Entwicklung der Anzahl der Sozialhilfeempfänger

Wenn man Zahlen von Sozialhilfeempfängern analysiert oder sie gar mit anderen Daten, z.B. Arbeitslosenzahlen vergleicht, muß man genau darauf achten, was bestimmte Statistiken ausdrücken: Bei Arbeitslosen ist es die jeweils aktuelle monatsbezogene Zahl. In der Sozialhilfestatistik werden - mit Ausnahme der Nichtseßhaften - aber alle Personen erfaßt, die während eines

Jahres einmal oder mehrmals Sozialhilfe bezogen haben. Dies wäre so, als wenn man alle Arbeitslosmeldungen während des Gesamtjahres addieren würde. Wegen der hohen Fluktuation auch unter Sozialhilfeempfängern liegt die Jahreszahl mehr als 50% über der Stichtagszahl *(vgl. Tabelle 1 im Anhang)*. Weiterhin werden bei der Sozialhilfe Einzelpersonen erfaßt, hingegen sind bei Arbeitslosen ja in der Regel die übrigen Haushaltsmitglieder mitbetroffen. Dies ist zu berücksichtigen.

Nach über 30 Jahren ist die bisher wenig aussagefähige amtliche Sozialhilfestatistik umgestellt worden. Da es mit der neuen Statistik aber noch erhebliche Probleme gibt, liegen für die letzten Jahre keine amtlichen Daten vor. Indem durch das Asylbewerberleistungsgesetz seit dem 1.11.1993 viele Asylbewerber aus der Sozialhilfe herausgenommen wurden, lassen sich viele Daten im längerfristigen Verlauf nicht mehr miteinander vergleichen. Für langfristige Tendenzen muß zudem die deutsche Einigung berücksichtigt werden. Bei dem Empfang von Sozialhilfe ist weiterhin zwischen Hilfe zum laufenden Lebensunterhalt und Hilfe in besonderen Lebenslagen (Behinderte, Pflege) zu unterscheiden.

Wenn man 1993 von ca. 5 Mill. Menschen ausgeht, die mindestens einmal im Jahr Sozialhilfe bezogen haben, sind dies bei der Hilfe zum Lebensunterhalt 3,95 Mill. und bei der Hilfe in besonderen Lebenslagen 1,9 Mill. Die höhere Gesamtzahl ergibt sich daraus, daß manche Empfänger beide Leistungsarten erhalten.

Im Vergleich zu 1,2% 1970 bezogen 1993 4,8% der westdeutschen Bevölkerung im Laufe eines Jahres Hilfe zum Lebensunterhalt. Die Relation von Männern und Frauen entspricht insgesamt der der Gesamtbevölkerung, wobei allerdings bei deutschen Empfängern Frauen, bei Ausländern Männer dominieren. Von 1989 bis 1991 ging in Westdeutschland die Zahl der deutschen Sozialhilfeempfänger während des Wiedervereinigungsbooms zurück, was die Arbeitsmarktabhängigkeit des Sozialhilfebezuges aufzeigt.

Bei der Entwicklung der Zahl der Sozialhilfeempfänger ist zu berücksichtigen, daß deren Kreis durch potentielle Leistungsausweitung zunimmt (z.B. Nicht-Anrechnung von Erziehungsgeld, von Renten für Kindererziehungszeiten für Jahrgänge vor 1921, keine Unterhaltspflicht für Eltern Schwangerer und lediger Mütter, seit 1974 weniger strikte Heranziehung von Angehörigen). Eine Anhebung des Regelsatzes macht mehr Personen empfangsberechtigt. Die Regelsätze sind etwas stärker gestiegen als die Netto-Lohn- und Gehaltssumme pro Beschäftigten. Da das Sozialamt auch die Mietkosten übernimmt, die einen besonders starken Anstieg aufweisen, ist die Entwicklung für Sozialhilfeempfänger noch etwas günstiger.[6] Von 1983 bis 1993 stiegen die Sozialhilfesätze jährlich um 3,3%, während die Inflationsrate nur bei 2% lag.[7] Die Bundesregierung sieht Sozialhilfebezug als bekämpfte Armut an, so daß Armut nur vorliegt, wenn Sozialhilfeansprüche nicht realisiert werden.

Vielfach wird die Auffassung vertreten, daß es eine erhebliche Dunkelziffer gibt, weil eine hohe Nichtinanspruchnahme vorliegt.[8] Neuere Untersuchungen gehen davon aus, daß bei älteren Personen (über 65 Jahre) eine größere Dunkelziffer zu finden ist und nur knapp 50% der Berechtigten Sozialhilfe beantragen, hingegen bei Jüngeren Sozialhilfe zu mehr als 75% in Anspruch genommen wird[9], vor allem auch aufgrund staatlicher Werbemaßnahmen wie „Ihr gutes Recht auf Sozialhilfe“ sowie anderer Sozialhilferatgeber, und weil die frühere diskriminierende Bedeutung nicht mehr im

---

[6] Vgl. Richard Hauser, Das empirische Bild der Armut in der Bundesrepublik Deutschland - ein Überblick, in: Aus Politik und Zeitgeschichte, B. 31-32/95, S. 6.

[7] Vgl. Monatsberichte der Deutschen Bundesbank 4/96, S. 38.

[8] Richard Hauser, Das empirische Bild der Armut, a.a.O. (Fn. 6), S. 9f. geht von hohen Dunkelziffern aus.

[9] Vgl. Bundesministerium für Familie und Senioren, Grundinformationen und Daten zur Sozialhilfe, Köln 1994, S. 29f.

Bewußtsein der Jüngeren ist. Vor dem Hintergrund nicht in Anspruch genommener Sozialhilfe relativiert sich aber die Mißbrauchsdiskussion, denn die Zahl der berechtigten Nichtempfänger dürfte höher sein als diejenigen, die Sozialhilfe mißbräuchlich in Anspruch nehmen, so daß eine sozialethisch erwünschte höhere Treffsicherheit der Sozialhilfe für die Finanzminister keine Ersparnisse ergeben würde.

Die Zahl der Empfänger für Hilfe in besonderen Lebenslagen, vor allem bei Pflegebedürftigkeit und Behinderten ist in den letzten Jahren nicht stark angestiegen. 1993 erhielten 323 000 Personen Eingliederungshilfe für Behinderte und 300 000 Hilfe zur Pflege in Pflegeheimen. Hier schlagen sich vielmehr die hohen Kosten, vor allem für die Heimunterbringung, nieder.

Es ist also vor allem ein starker Anstieg von Empfängern bei der Hilfe zur Sicherung des Lebensunterhalts festzustellen. Wenn man diese Entwicklung näher analysiert, muß man folgende Hauptursachen festhalten:

1) Der stärkste Anstieg der Sozialhilfe ist bei Ausländern festzustellen. Von 1970 bis 1993 hat sich die absolute Zahl der sozialhilfebeziehenden Ausländer fast verhundertfacht. Waren 1970 nur 1,3 % der Sozialhilfeempfänger Ausländer und 1980 ca. 10%, stieg diese Zahl 1993 auf rd. 35% an. In Hessen lag der Satz bei mehr als 38%. Da mehr als 10% aller Ausländer von Sozialhilfe leben, ist deren Armutsrisiko mehr als viermal so hoch wie bei Deutschen. Von 1985 bis 1993 stieg die Anzahl der deutschen Empfänger um 2,5% jährlich, die der ausländischen Empfänger um 18,5%.[10] Bei 18-24jährigen männlichen Hilfsempfängern waren 66%, bei den 25-50jährigen 50%, bei Ehepaaren mit Kindern 59% Ausländer.[11] Während die deutschen Sozialhilfeempfänger vielfach nur geringe Sozialhilfe-

[10] Vgl. Monatsberichte der Deutschen Bundesbank 4/96, S. 38.

[11] Vgl. Bundesministerium für Familie und Senioren, Grundinformationen und Daten zur Sozialhilfe, a.a.O. (Fn. 9), S. 26.

leistungen erhalten, z.B. die Kleinstrente oder Arbeitslosengeld durch 100 oder 200 DM Sozialhilfe monatlich aufgestockt werden, leben ausländische Sozialhilfeempfänger fast ausschließlich von Sozialhilfe. Da „Armut“ ein sozio-kultureller Begriff ist, stellt sich die Frage, ob ausländische Sozialhilfeempfänger als „arm“ bezeichnet werden können, kommen sie doch nach Deutschland, weil sie vor allem der Armutssituation in ihrem Heimatland entkommen wollen. Deshalb könnte man die These vertreten, daß die ökonomische Lage von Ausländern mit der Situation im Heimatland verglichen werden müßte, nicht mit dem deutschen Einkommensniveau. Der deutsche Gesetzgeber hat daher für Asylbewerber ein eigenes Leistungsgesetz eingeführt, welches Ende April 1997 novelliert wurde und für die ersten drei Jahre eines Aufenthalts in Deutschland ca. 20% niedrigere Leistungen als in der Sozialhilfe vorsieht.

2) In den Zahlen der deutschen Sozialhilfeempfänger ist ebenfalls ein nicht geringer Anteil von Zuwanderern enthalten, die bis vor wenigen Jahren noch die Staatsangehörigkeit der UdSSR hatten, nämlich Aussiedler. Bei diesen ist der Sozialhilfebezug auch darauf zurückzuführen, daß die zeitliche Dauer der Eingliederungshilfe durch das Arbeitsamt auf 6 Monate begrenzt wurde. 1988 waren z.B. 46% der Neuantragsteller in Bremen Asylbewerber, Übersiedler aus der DDR und Aussiedler.[12]

3) Die nächste große Gruppe betrifft Arbeitslose. Während 1980 nur 10% der Sozialhilfeempfänger wegen Arbeitslosigkeit Sozialhilfe bezogen, sind dies 1993 schon mehr als 30%. Viele dieser Arbeitslosen erhalten Sozialhilfe nur als Überbrückung, weil z.B. Sperrzeiten bei eigener Kündigung verhängt werden, bis die Zahlung von Arbeitslosengeld und Arbeitslosenhilfe einsetzt. Die zweite große Gruppe besteht aus Langzeitar-

---

[12] Gerd Wenzel, Sozialhilfe im Umbruch, in: Walter Hanesch (Hrsg.) Überlebt die soziale Stadt?, Opladen 1997, S. 219.

beitslosen, deren Arbeitslosengeld oder Arbeitslosenhilfe zu gering ist oder die mangels vorheriger Erwerbstätigkeit keine Ansprüche erworben haben. Durch mehrere Änderungen des Arbeitsförderungsgesetzes wie ein niedrigeres Niveau der Leistungen und verschärfte Anspruchsvoraussetzungen ist die Zahl der Sozialhilfeempfänger gestiegen. Da viele arbeitslose Sozialhilfeempfänger Arbeitslosengeld oder -hilfe erhalten und nur geringe Aufstockungsbeträge hinzukommen, ist der Aufwand für Sozialhilfe in Folge von Arbeitslosigkeit gering. Er wurde 1993 auf lediglich 3,5 Mrd., d.h. 8% der Sozialhilfeaufwendungen geschätzt.[13]

4) Bei unvollständigen Familien, also vor allem alleinerziehenden Frauen mit Kindern, ist ein großes Risiko an Sozialhilfebedürftigkeit festzustellen. Bei deutschen Ehepaaren mit einem Kind beträgt das Sozialhilferisiko 1,5%, bei zwei Kindern 2,8%, ist also unterdurchschnittlich, während es bei Alleinerziehenden mit drei Kindern 30%[14] beträgt. Mehr als ein Drittel der deutschen Empfängerhaushalte sind Haushalte von Alleinerziehenden. Hier liegt ein großes Armutsrisiko vor, weil beim Zerbrechen nichtehelicher Lebensgemeinschaften keine Unterhaltspflichten bestehen und bei getrennt lebenden Verheirateten und bei Geschiedenen sich Männer häufig der Unterhaltspflicht entziehen. Die Mehrzahl durchschnittlicher Einkommen läßt kaum die Finanzierung zweier Haushalte schon wegen der Wohnungskosten zu. Weiterhin haben die Frauen wegen der schlechteren Arbeitsmarktlage und unzureichenden Kinderbetreuungsmöglichkeiten wenig Chancen auf dem Arbeitsmarkt. Außerdem ist festzustellen, daß viele Alleinerziehende sich bewußt ihren Kindern widmen und sich mit der eingeschränkten finanziellen Situation einrichten. Bei Kindern unter 7 Jahren liegen in

---

[13] Vgl. Monatsberichte der Deutschen Bundesbank 3/96, S. 40.

[14] Vgl. Wolfgang Voges, Konsequenzen neuer Familienformen und heterogener Armutslagen, in: Werner Schönig/Raphael L'Hoest (Hrsg.) Sozialstaat wohin?, Darmstadt 1996, S. 86.

den letzten Jahren besonders hohe Zuwachsraten vor. Das Sozialhilferisiko ist hier doppelt so hoch wie in der Gesamtbevölkerung, vor allem in den Großstädten. Da Erziehungsgeld auf die Sozialhilfe nicht angerechnet wird und Alleinerziehende einen Mehrbedarfszuschlag erhalten, ist die finanzielle Situation nicht ganz so eingeengt, wie dies auf den ersten Blick erscheint.
5) Die Altersarmut hat demgegenüber nur geringe Bedeutung. Aufgrund der gut ausgebauten Alterssicherungssysteme und der Vollbeschäftigungsphasen nach 1945 haben auch die meisten Witwen ohne eigene Rente ausreichende Sozialversicherungsansprüche. Während Mitte der 60er Jahre noch rd. ein Viertel der Sozialhilfeempfänger Personen über 65 Jahren waren, die Zahl 1980 noch bei 20% lag, betrug der Anteil 1993 nur noch gut 7,0%. Während bis zu Beginn der 80er Jahre die Zahl der alten Sozialhilfeempfänger absolut zurückging, kam es in den 80er Jahren wegen der Überalterung der Gesellschaft, unzureichender Vorsorge Selbständiger etc. zu einem Anstieg der absoluten Zahlen. Ca. 80% dieser Empfänger sind Frauen. Wenn 1,4% der Rentner Hilfe zum Lebensunterhalt bezieht - selbst wenn man diese Zahl wegen der Dunkelziffer noch erhöhen würde -, handelt es sich um einen so geringen Anteil der alten Generation, daß dafür die Sozialhilfe, die für solche atypischen Lebensverläufe bzw. individuellen Schicksalsschläge bestimmt ist, das sachgerechte sozialpolitische Instrument ist. Die Zahl sozialhilfebedürftiger Alter kann in Zukunft deshalb steigen, weil die erste Gastarbeitergeneration in den Ruhestand tritt und diese Personen häufig nicht 40-45 Versicherungsjahre nachweisen können, was aber erforderlich ist, damit eine Witwe ohne eigene Rente eine Hinterbliebenenversorgung oberhalb des Sozialhilfeniveaus erreicht.

In den neuen Bundesländern wurde Sozialhilfe zum 1.1.1991 eingeführt. Der Anteil der Sozialhilfeempfänger insgesamt lag 1993 in den neuen Bundesländern unter dem der alten Länder, wobei das Sozialhilferisiko für Deutsche erheblich niedriger als in den alten Bundesländern, bei Ausländern (über 15%) aber noch höher war. In den neuen Bundesländern waren schon 40% der Empfängerhaushalte Haushalte von Alleinerziehenden. Die Ausgaben für Hilfe in besonderen Lebenslagen sind stark gestiegen, weil die Qualität von Alten- und Behinderteneinrichtungen westdeutschen Standards angepaßt wurde, so daß die Ausgaben von 1991 2,5 Mrd. auf 1994 5 Mrd. stiegen. Da das Sozialhilfeniveau dort nur 5% unter dem Niveau der westlichen Bundesländer liegt, die Löhne aber noch erheblich unterhalb des westdeutschen Niveaus liegen, gibt es dort bei vollständigen Familien mit mehreren Kindern Überschneidungen, d.h. niedrige Arbeitseinkommen liegen teilweise unterhalb der Sozialhilfe.

3. Die Dynamik des Sozialhilfebezuges

Der Unterschied zwischen den Jahreszahlen und den Stichtagszahlen zeigt schon, daß es eine erhebliche Fluktuation unter den Sozialhilfeempfängern gibt. Neuere Studien, vor allem die Bremer Armutsstudien[15], zur Dynamik und Fluktuation von Sozialhilfeempfängern belegen, daß lediglich zwischen 10% und 20% der Personen, die Sozialhilfe beantragen, ohne Unterbrechung mehr als 5 Jahre in der Sozialhilfe verbleiben. Die Hälfte der Sozialhilfeempfänger bezieht diese weniger als ein Jahr.

Allein ein Drittel aller Empfänger erhält Sozialhilfe nur zur Überbrückung, bis Arbeitslosengeld oder Rente gezahlt wird. Weitere Personen pendeln zwischen So-

[15] Vgl. u.a. Petra Buhr, Dynamik von Armut. Dauer und biographische Bedeutung von Sozialhilfebezug, Opladen 1995; Leibfried/Leisering u.a., Zeit der Armut, a.a.O. (Fn. 5) und Monika Ludwig/Lutz Leisering/Petra Buhr, Armut verstehen. Betrachtungen vor dem Hintergrund der Bremer Langzeitstudie, Aus Politik und Zeitgeschichte B. 31-32/95, S. 24-34.

zialhilfe, Gelegenheitsarbeiten, anderem Einkommensbezug. Sie leben am Rande der Sozialhilfe. Arbeitslosigkeit als Ursache von Sozialhilfe geht mit kürzerer Bezugsdauer einher.

Nur bei Multiproblemfällen (Arbeitslosigkeit mit gesundheitlicher Beeinträchtigung etc.) liegt eine längere Bezugsdauer vor. Längerfristige Sozialhilfeempfänger sind Kleinstrentner, Alleinerziehende sowie ein kleiner Anteil sozialer Randgruppen. Bisher ist in Deutschland eine zahlenmäßig größere dauerhafte Armutsbevölkerung mit einer eigenen Kultur der Armut und einer Vererbung des Armutsstatus, wie sie von amerikanischen Soziologen für bestimme Ghettos/Slums festgestellt wurde, noch nicht zu beobachten.

Drei typisierte Verhaltensweisen von Sozialhilfeempfängern lassen sich feststellen. Erstens eine Gruppe mit verfestigtem Sozialhilfebezug: Ein besonderes Problem sind hier jüngere, häufig männliche Jugendliche, denen nie ein richtiger Einstieg in die Arbeitswelt gelungen ist, wo Straftaten, gesundheitliche Einschränkungen und Behinderungen etc. dem entgegenstehen. Diesen gelingt ein Leben mit Sozialhilfe nicht. Sie sind sozial desintegriert, so daß sie neben Geld auch sozialarbeiterischer Zuwendung bedürfen. Zweitens gibt es eine aktive Bewältigung des längerfristigen Lebens in Sozialhilfe und einen konstruktiven Umgang mit den Folgen. Diese Menschen sind sozial integriert. Alleinerziehende, ältere Langfristarbeitslose und Personen mit geringer Rente empfinden Sozialhilfe als rentenähnliche Grundsicherung und richten sich darin ein. Drittens gibt es Sozialhilfeempfänger mit relativ guter Ausbildung, die den Sozialhilfebezug dauerhaft aktiv durch geplantes eigenes Handeln überwinden. Dies ist der vorherrschende Typ (mit 75%). Sozialhilfe ist ein sinnvolles, rational genutztes Überbrückungsinstrument, um das eigene Leben neu zu ordnen. Dies gilt nach einem abgebrochenen Studium, aber auch für Frauen, die aus einer unerträglichen Gewaltsituation in ein Frauenhaus ziehen und dann nach einer Phase der Problemverarbeitung die eigene Lebensgestaltung mit Wohnungs- und Arbeitssuche in die eigenen Hände nehmen und dann auch die materielle Notlage überwinden.

Ursachen für das Ende des Sozialhilfebezugs sind: Bei einem Drittel setzen vorrangige Leistungen (Rente, Arbeitslosengeld) ein, ein Viertel bekommt Arbeit, beginnt eine Ausbildung. Weitere Gründe für das Ende des Sozialhilfebezuges sind Antritt von Wehr-/Zivildienst, Heirat, Haftantritt, Tod.

Diese Dynamik des Sozialhilfebezugs ist ambivalent. Einerseits bedeutet sie, daß keine nennenswerte dauerhafte Armutsbevölkerung bisher in der Bundesrepublik entstanden ist. Die meisten erhalten nach einem vorübergehenden Bezug von Sozialhilfe wieder eigenes Einkommen, neue Lebensperspektiven. Vorübergehender Sozialhilfebezug hat für die Biographie keine einschneidende Bedeutung. Andererseits gerät doch im Laufe eines 10-Jahres-Zeitraums ein nicht geringer Teil (ca. ein Drittel) der Gesamtbevölkerung zumindest zeitweise an die Armutsschwelle.

4. Der Umfang der Sozialhilfeausgaben

Der Umfang der Sozialhilfeausgaben hängt von der Höhe der Leistungen und der Anzahl der Empfänger ab. Sozialhilfeempfänger nehmen an der ökonomischen Entwicklung teil. Der monatliche Regelecksatz stieg von 1963 108 DM auf 1996 530 DM. Wenn man nur die Preissteigerungen ausgeglichen hätte, müßte der Regelecksatz heute 330 DM betragen, die Sozialhilfeempfänger würden dann auf dem Realeinkommensniveau von 1963 leben. Für Kinder bis zum 7. Lebensjahr beträgt der Regelsatz 50%, bei Alleinerziehenden 55%, vom 8.-14. Lebensjahr 65%, vom 15.-18. Lebensjahr 90%, über 18 80% *(vgl. Tabelle 2 im Anhang)*. Mehrbedarfszuschläge gibt es für Schwangere, Alleinerziehende, gesundheitlich beeinträchtigte Ältere, Nicht-Arbeitsfähige.

Der Sozialhilfeaufwand betrug 1995 ca. 52 Mrd. DM, was einem Anteil von 1,5% am BSP und 4,5% am Sozialbudget entspricht *(vgl. Tabelle 3 im Anhang)*. Er ist in seiner Höhe mit den Beamtenpensionen vergleichbar. Im Verhältnis zu anderen Sozialausgaben - vor allem den verschiedenen Zweigen der Sozialversicherung - ist er recht gering *(vgl. Tabelle 4 im Anhang)*. Ca. 20% der Sozialhilfeausgaben fließen durch Erstattungen anderer Sozialleistungsträger und durch Heranziehung unterhaltspflichtiger Familienangehöriger zurück. Hier beginnen einzelne Kommunen erst in jüngster Zeit systematisch von Angehörigen Mittel einzufordern. Dabei werden sie von der Rechtsprechung gehindert, die Angehörigen sehr großzügig Einkommen beläßt. Ebenso gibt es wenig Vernetzungen (z.B. mit KFZ-Zulassungsstellen) zur Erfassung verschiedener Einkommensarten und Vermögensbestände der Leistungsbezieher.

Die Sozialhilfeaufwendungen verteilen sich wie folgt *(vgl. Tabelle 5 im Anhang)*: Die Hilfe zum Lebensunterhalt, die im Mittelpunkt der öffentlichen Diskussion steht, beläuft sich lediglich auf ca. 18 Mrd. DM, hingegen die Hilfe in besonderen Lebenslagen vor Einführung der Pflegeversicherung auf 33 Mrd. DM. Von diesen entfielen ca. 17 Mrd. DM auf die Pflege. Die Pflegeversicherung zielte darauf ab, die Sozialhilfebedürftigkeit von rd. 75% der Heimbewohner auf 25% zu reduzieren. Weitere ca. 13 Mrd. entfallen auf verschiedene Hilfen für Behinderte.

5. Das Lohnabstandsgebot

Grundsätzlich gilt in der Sozialpolitik die Überlegung, daß Einkommen aus Nichtarbeit, also aus Sozialleistungen, nicht höher, sondern niedriger sein sollen als Einkommen aus Arbeit. Damit soll ein Arbeitsanreiz geboten sein und dem Bestreben, z.B. durch möglichst frühzeitigen Ruhestand sich schnell aus der Erwerbsarbeit zu verabschieden, vorgebeugt werden. Entsprechend gilt in der Sozialhilfe ein sogenanntes Lohnabstandsgebot, welches besagt, daß Sozialhilfe für eine fünfköpfige Familie niedriger sein sollte als Arbeitseinkommen aus untersten Lohngruppen (*vgl. Tabelle 6 im Anhang*). 1996 scheiterte der Vorschlag von Bundesminister Seehofer, gesetzlich vorzuschreiben, daß die Höhe der Sozialhilfe einer fünfköpfigen Familie 15% unter dem Arbeitseinkommen niedrigster Lohngruppen zuzüglich Kinder- und Wohngeld liegen muß, am Widerstand der SPD-regierten Bundesländer im Bundesrat. Dies hätte in einigen Regionen zu einer Absenkung der Sozialhilfe geführt.

Das Lohnabstandsgebot ist ein Problem bei einem Alleinverdienerhaushalt mit zwei Erwachsenen, zwei älteren oder drei und mehr Kindern und bei hohen lokalen Wohnungskosten.[16] Dieses Problem spricht aber eher für ein zu niedriges Kindergeld und/oder unzureichende Höhe von Wohngeld, so daß die Berechnung eines Lohnabstandsgebotes für eine fünfköpfige Familie sachlich verfehlt ist. Wenn man zudem berücksichtigt, daß es bei Familien mit zwei oder mehr Kindern 1994 in Westdeutschland lediglich 80 000 Empfängerhaushalte gab, von denen wiederum 40% Ausländer waren, ist dies ein empirisch kaum relevantes Problem. Erhebliche reale Steigerungen der Regelsätze - wie dies von manchen Wohlfahrtsverbänden gefordert wurde - würden das Lohnabstandsproblem verstärken, da es viele Familieneinkommen gibt, die nur 10% bis 20% oberhalb des Sozialhilfeniveaus liegen.

6. Die Sozialhilfereform von 1996

In der Bundespolitik hat die Sozialhilfe immer einen sehr untergeordneten Ort gehabt, weil sie dort keinen

---

[16] Vgl. Gerhard Bäcker, Sozialpolitik zwischen Abbau und Umbau. Reformansätze aus der Sicht der Gewerkschaften, in: Schönig/L'Hoest (Hrsg.), Sozialstaat wohin?, a.a.O. (Fn. 14), S. 151f.

haushaltsrelevanten Posten darstellt. Der Bund hatte deshalb auch wenig Interesse daran, fundierte öffentliche Statistiken über Sozialhilfe erstellen zu lassen oder entsprechende Forschungsberichte zu finanzieren. Die wenigen für Sozialhilfe zuständigen Beamten waren entsprechend der polizeistaatlichen Tradition der Armenfürsorge bis Anfang der 60er Jahre im Innenministerium angesiedelt. Seither haben sie regelmäßig das Ministerium gewechselt. Ihr Status in der Bonner Ministerialbürokratie entspricht dem Status von Sozialhilfeempfängern in der Gesamtgesellschaft. Größer war das Interesse der Länder, die überörtliche Träger der Sozialhilfe, insbesondere für Hilfe in besonderen Lebenslagen sind und die über den gemeindlichen Finanzausgleich belastete Kommunen unterstützen müssen. Vor allem betroffen sind die Städte und Landkreise, die insbesondere die Hilfe zum Lebensunterhalt zu finanzieren haben. Auf Druck der Gemeinden zur Minderung ihrer finanziellen Belastungen ist 1996 eine Novellierung des Sozialhilferechts verabschiedet worden. Kernpunkte sind:

1) Um Obdachlosigkeit zu vermeiden und Sozialämtern z.B. durch die Übernahme der Miete den Erhalt einer Wohnung im Interesse der Betroffenen zu ermöglichen, sind Amtsgerichte verpflichtet, Räumungsklagen an die Sozialämter zu melden.

2) Durch eine beschleunigte Zahlung von Arbeitslosengeld und Arbeitslosenhilfe soll der Kurzzeitbezug von Sozialhilfe vermieden werden, der nur wegen der Verzögerung der Leistungszahlungen anderer, vorrangiger Sozialleistungsträger auftritt.

3) Die Regelecksätze der Sozialhilfe werden in den nächsten Jahren nur noch entsprechend der Nettoeinkommensentwicklung der Arbeitnehmer angepaßt. Wenn wegen niedriger Lohnabschlüsse, hoher Steuer- und Sozialabgabenbelastung die Nettoeinkommen weniger ansteigen als die Preissteigerungsrate, müssen auch Sozialhilfeempfänger Realeinkommensverluste hinnehmen.

4) Die Pflegesätze für Einrichtungen wie Behindertenheime werden ebenfalls gedeckelt und steigen nur noch verhalten an.
5) Falls arbeitslose Sozialhilfeempfänger nicht bereit sind, Arbeit anzunehmen, ist der Regelecksatz der Sozialhilfe um 25% zu kürzen. Es wird damit eine einheitliche Linie für die bisher von den Gemeinden uneinheitlich gehandhabten Sanktionen bei Verweigerung zumutbarer Arbeit eingeführt. Die Gemeinden werden verpflichtet, verstärkt Arbeit anzubieten. Weiterhin werden finanzielle Anreize der Kommunen für Sozialhilfeempfänger gegeben, Erwerbsarbeit anzunehmen, indem z.B. 6 Monate lang Regelecksätze weitergezahlt werden können oder nur ein Teil des Verdienstes zur Kürzung von Sozialhilfe führt. Bis zur Anhebung des steuerlichen Grundfreibetrages lag bei einsetzender Steuer- und Sozialversicherungspflicht bei gleichzeitiger Kürzung der Sozialhilfe die Grenzabgabenbelastung bei 70% und mehr, d.h. ein Sozialhilfeempfänger, der 100 DM brutto mehr verdient, hat weniger als 30 DM netto mehr, was den Arbeitsanreiz bei Niedrigeinkommensgruppen stark mindert.

II. Sozialethische Überlegungen

Die Christliche Sozialethik bedarf für ihre systematische normative Analyse eines angemessenen sozialphilosophischen Interpretaments, das im Horizont gegenwärtiger Wissenschaft kommunikationsfähig ist. Dafür bieten sich verschiedene Konzeptionen an. Hier soll die normative Perspektive von einem vertragstheoretischen Konzept her entfaltet werden, wobei die Anlehnung näher an Kant und Rawls als an Hobbes und Buchanan erfolgt. Der bei Rawls enthaltene Gedanke der gleichen Menschenwürde aller und der Unparteilichkeit der Entscheidungssituation, die besondere Rücksichtnahme für die Schwächeren etc. sind Elemente, die mit den Grundlagen einer Christlichen Sozialethik kompatibel sind.[17] Denn Gerechtigkeit gesellschaftlicher Regeln wird daran gemessen, ob sie für alle potentiellen Gesellschaftsmitglieder in einer fairen Entscheidungssituation zustimmungsfähig sind. Die nachfolgenden vertragstheoretischen Überlegungen beschränken sich auf Fragen der Einkommensverteilung und der Zuwanderung.

Die Festlegung von Regeln der Einkommensverteilung ist eng mit den Grundfragen der Gestaltung einer Wirtschaftsordnung, nämlich den Koordinationsmechanismen arbeitsteiligen Wirtschaftens (Markt) und der Zuweisung von Verfügungsrechten (Privateigentum) verbunden. Im Rahmen solcher grundsätzlicher Überlegungen ist praktisch unbestritten, daß es ein gesellschaftliches Recht geben soll, daß eine Person durch eigene Arbeit Einkommen beziehen darf. Ein Freiheitsrecht, arbeiten zu dürfen, um daraus seinen Lebensunterhalt zu sichern, ist grundlegend. Umstrittener ist schon die Pflicht zur Arbeit. Auch eine solche Pflicht ist - entsprechend dem Subsidiaritätsprinzip - anzunehmen, denn ein prinzipiell Arbeitsfähiger, der ein ausreichendes Einkommen aus eigener Arbeit erzielen kann, hat nicht das Recht, sich den Ertrag der Arbeit anderer anzueignen bzw. andere haben ihm gegenüber keine Solidaritätspflicht. Jedes Gesellschaftsmitglied hat als potentiell Anspruchsberechtigter auf gesellschaftliche Solidarität auch eine Leistungspflicht.[18]

In den sozialphilosophischen Auseinandersetzungen der Moderne waren Einkommen aus dem Besitz von Kapital und Boden, also Zinsen, Gewinne, Pachten und Mieten umstritten. Nach den praktischen Erfahrungen von mehr als 70 Jahren sozialistischer Wirtschaftsord-

[17] Vgl. Andreas Lienkamp, Systematische Einführung in die christliche Sozialethik, in: Franz Furger/Ders./Karl Wilhelm Dahm (Hrsg.), Einführung in die Sozialethik, Münster 1996, S. 29-88, hier S. 70-74.

[18] Vgl. Hermann Sautter, Moralisches Urteil und ökonomisches Kalkül, in: Zeitschrift für Evangelische Ethik 39 (1995), S. 133-36, hier S. 133.

nungen, zu deren Grundanliegen die Beseitigung von Zins- und Gewinneinkommen gehörte, wird man die Erzielung von Gewinnen und Zinsen gesellschaftlich zulassen. Sie bieten Anreize für die Übernahme wirtschaftlicher Risiken, für Ersparnisbildung und eine effiziente Kapitalverwendung. Auch Nichtbezieher von Gewinnen und Zinsen können diesen Einkommensarten zustimmen, weil Kapitalbildung und effizienter Kapitaleinsatz die gesamtwirtschaftliche Wohlfahrt so steigert, daß davon auch Bezieher von Arbeitseinkommen profitieren. Außerdem haben Bezieher von Arbeitseinkommen durch Ersparnisse selbst die Möglichkeit, Bezieher von Kapitaleinkommen zu werden.

Diese vorstehenden Überlegungen führen zu einer normativen Rangfolge der verschiedenen Einkommensquellen: Sozialethisch gesehen hat Einkommen aus eigener Arbeit Vorrang vor Einkommen aus Kapital und dieses wiederum Vorrang vor Einkommen aus Bodenbesitz.[19] Diese normative Rangfolge kann sich in der konkreten Gesellschaftsgestaltung darin niederschlagen, daß bei identischer Höhe Einkommen aus Kapital und Boden stärker steuerlich belastet werden als aus Arbeit. Die Festlegung legitimer Einkommenserzielungsmöglichkeiten reicht allein nicht aus, sondern ist durch weitere Regeln zu ergänzen.

In einer Marktwirtschaft ergeben sich Einkommen immer nur aus der freiwilligen Zahlungsbereitschaft anderer. Daher müssen sowohl die individuellen Transaktionen gerecht sein (Ausschluß von Täuschung, Betrug etc.) als auch die strukturellen Tauschbedingungen (hinreichende Wahlfreiheit durch Fehlen von Monopolen, Kartellen oder anderer Machtungleichgewichte).

---

[19] So auch die kirchliche Sozialverkündigung: Johannes XXIII., Mater et magistra, 1961, Nr. 106: "Heute bemüht man sich vielfach mehr um die Erlernung eines Berufes als um den Eigentumserwerb. Man schätzt das Einkommen, das auf Arbeitsleistung oder einem davon abgeleiteten Rechtsanspruch beruht, höher als das Einkommen aus Kapitalbesitz oder daraus abgeleiteten Rechten."

Bei strukturellen Marktungleichgewichten ist dann der Zusammenschluß schwächerer Marktseiten zu Genossenschaften und Gewerkschaften legitim. Dies sichert erst die *Leistungsgerechtigkeit.*

Eine Ordnung der Einkommensverteilung der Gesellschaft setzt weiterhin voraus, daß möglichst alle Gesellschaftsmitglieder mit einem Grundstock an wirtschaftlich nutzbaren Ressourcen ausgestattet werden, da dieser erst eine profitable Teilhabe an einem leistungsgerechten Wirtschaftsgeschehen ermöglicht. In modernen Industriegesellschaften sind dies Bildungschancen für alle. Dies ist das Erfordernis der *Chancengerechtigkeit.*

Wenn Leistungsgerechtigkeit und Chancengerechtigkeit weitgehend gewährleistet sind, kann die Mehrzahl der Gesellschaftsmitglieder aus ihrem Einkommen auch für die wichtigsten Risiken (Alter, Krankheit, Pflegebedürftigkeit, Unfall, Arbeitslosigkeit) im Wege der Selbsthilfe (Versicherung) Vorsorge betreiben.

Es gibt aber immer Gesellschaftsmitglieder, die nicht oder nicht hinreichend leistungsfähig sind oder aufgrund zusätzlicher Belastungen einen besonderen Bedarf (z.B. Behinderte, chronisch Kranke) haben. Für diese ist ein Existenzminimum zuzüglich des besonderen finanziellen Aufwandes zu sichern. Dieses Existenzminimum hat kein physisches, sondern ein soziokulturelles Minimum zu sein, um die Partizipation am jeweiligen gesellschaftlichen Leben zu ermöglichen und ökonomische Ungleichheiten nach unten hin zu begrenzen. Dies ist von der gleichen Menschenwürde aller abzuleiten und eine sozio-ökonomische Voraussetzung der staatsbürgerlichen Gleichheit in einer Demokratie.[20]

Da die Gesellschaft insgesamt, z.B. wegen der Alterssicherung und Pflege, ein Interesse an nachfolgenden Generationen hat, ist davon auszugehen, daß alle

---

[20] Vgl. Roman Herzog, Demokratie und Sozialstaat, in: Bernd v. Maydell/Walter Kannengießer (Hrsg.), Handbuch der Sozialpolitik, Pfullingen 1988, S. 79-84, hier S. 81f.

Gesellschaftsmitglieder die Aufwendungen dafür zu tragen haben. Diejenigen, die diese Aufwendungen nicht direkt bei der Erziehung eigener Kinder auf sich nehmen, haben sich finanziell dann an den Aufwendungen anderer zu beteiligen.

Um Maßnahmen der Chancen- und Bedarfsgerechtigkeit zu finanzieren, sind Einnahmen erforderlich. Dabei ist es notwendig, daß diejenigen, die nach Grundsätzen der Leistungsgerechtigkeit überdurchschnittliche Einkommen erzielen, einen höheren Anteil zur Verfügung stellen müssen. Je höher die Einkommen sind, desto größer hat dieser Anteil zu sein, so daß eine progressive Besteuerung legitim ist. Dies ist deshalb der Fall, weil die individuelle Einkommenshöhe immer auch von gesellschaftlichen Bedingungen (Bildungswesen, Infrastruktur, Rechtssicherheit etc.) abhängt und daher nie allein rein individuell bestimmt ist.[21] Erst die kollektiv beschlossenen Rahmenbedingungen ermöglichen bestimmte Formen der Einkommenserzielung (z.B. durch Zulassung von Privatfernsehen). Wieweit andererseits jemand überhaupt seine Fähigkeiten zur Entfaltung bringt und dann das erworbene Leistungsvermögen tatsächlich einsetzt, ist individuell abhängig, so daß ein umfassender gesellschaftlicher Zugriff auf Einkommen abzulehnen ist. Dies ist als *Aufbringungsgerechtigkeit* zu bezeichnen.

Diese Gerechtigkeitsgrundsätze sind in eine Rangfolge zu bringen. Man könnte sich denken, daß die Bedarfsgerechtigkeit Vorrang genießt, also zunächst ein Existenzminimum für alle festgelegt wird. Dies ist aber verfehlt, weil ohne wirtschaftliche Leistungen ein Existenzminimum nicht finanziert und in seiner Höhe festgelegt werden kann.[22] Vorrang hat also zunächst die

---

[21] Vgl. Friedhelm Hengsbach, Gerechtigkeit in der Marktwirtschaft, in: Informationes Theologiae Europae 3 (1994), S. 267-278, hier S. 272.

[22] „Ein Staat ist systematisch gesehen grundsätzlich nur zu sekundärer und subsidiärer Leistung fähig." So analog Otfried

Leistungsgerechtigkeit, dann die Chancengerechtigkeit und drittens die Bedarfsgerechtigkeit. Wer prinzipiell leistungsfähig ist, darf nicht Objekt staatlicher Umverteilung sein. Wem mit temporärer Chancenförderung geholfen ist, darf ebenfalls nicht dauerhaft Objekt von Maßnahmen der Bedarfsgerechtigkeit sein.

Das Verhältnis von Aufbringungsgerechtigkeit sowie Leistungs-, Chancen- und Bedarfsgerechtigkeit ist wie folgt zu bestimmen: Die Leistungsgerechtigkeit hat einen Vorrang vor Maßnahmen der Aufbringungs-, Chancen- und Bedarfsgerechtigkeit. Konkret bedeutet dies, daß die Relationen von leistungsgerechten Einkommen auch nach Besteuerung erhalten bleiben müssen und nach Umverteilung Einkommen von Leistungserbringern nicht niedriger sein dürfen als die von Empfängern von Maßnahmen der Chancen- und Bedarfsgerechtigkeit, abgesehen von dem Fall, bei dem ein besonderer Bedarf einer Person (Kranke, Behinderte) gegeben ist.

Im Zusammenhang unserer Thematik spielt das Zuwanderungsproblem eine wichtige Rolle, so daß dazu noch einige Überlegungen anzustellen sind: Wer sind eigentlich die Gesellschaftsmitglieder, die im Gesellschaftsvertrag Pflichten und Rechte festlegen? Im Sinne einer universalistischen Ethik sowohl der christlichen als auch der kantianischen Ethik oder einer Rawl'schen Konzeption ist ein globaler Gesellschaftsvertrag das theoretische Ideal.[23] Empirisch haben wir nur partielle Gesellschaftsverträge unterschiedlichster Art bzw. soziale Ordnungen, die sich nicht gesellschaftsvertraglich rekonstruieren lassen. Wie läßt sich eine Zuwanderungskontrolle, die Zuweisung eines von Gesellschaftsmitgliedern unterschiedenen Ausländerstatus legitimieren? Erstens würde eine unkontrollierte und unbegrenz-

---

Höffe, Das Prinzip Gerechtigkeit, in: v. Maydell/Kannengießer (Hrsg.), a.a.O. (Fn. 20), S. 66-78, hier S. 74.

[23] Vgl. Wolfgang Kersting, Die politische Philosophie des Gesellschaftsvertrags, Darmstadt 1994, S. 216.

te Zuwanderung sozialethisch erwünschte gesellschaftsvertragliche Ordnungen in nichtgesellschaftsvertragliche Ordnungen verändern, also die Ausbreitung und langfristige Herausbildung universalistischer gesellschaftsvertraglicher Verhältnisse unterbinden. Historisch sind alle multikulturellen Gesellschaften bisher stark hierarchisch gewesen. Zweitens stellt der Abschluß eines Gesellschaftsvertrages, seine Stabilisierung, Anpassung und Fortentwicklung eine Leistung einer Gesellschaft dar. Es ist sowohl kulturell-moralisches Kapital (Demokratie und Rechtsbewußtsein) wie ökonomisches Kapital akkumuliert worden. Externe können daher kein Recht beanspruchen, ohne weiteres an den Früchten dieses Kapitals zu partizipieren, weil sie an der Kapitalbildung nicht beteiligt waren. Vielmehr haben die ursprünglichen Gesellschaftsmitglieder das Recht festzulegen, wer durch Zuwanderung nach welchen Bedingungen teilhaben kann. Dabei ist auf eine Spannung hinzuweisen: Das Land, welches für seine eigenen Gesellschaftsmitglieder intern die vorrangige Option für die Armen bestmöglich erfüllt, muß extern zwangsläufig weltweit die meisten Armen anlocken.

Aufgrund dieser vertragstheoretischen Überlegungen lassen sich für die hier anstehende Thematik folgende Aspekte festhalten:

1) Jeder Arbeitsfähige und Arbeitswillige hat das Recht, durch eigene Erwerbsarbeit seinen Lebensunterhalt zu bestreiten und aus dem Erarbeiteten auch für Phasen der Nichterwerbstätigkeit wie Arbeitslosigkeit, Alter und Krankheit vorzusorgen.
2) Jedes Gesellschaftsmitglied muß die Chance erhalten, vor allem durch eine qualifizierte Ausbildung, eigenes Arbeitseinkommen beziehen zu können.
3) Da eine Gesellschaftsordnung auf einer ausgewogenen Verteilung der Rechte und Pflichten aller Gesellschaftsmitglieder beruht, ist jeder einzelne Arbeitsfähige auch verpflichtet, seine Fähigkeiten zu entfalten und seine Arbeitskraft einzusetzen.

4) Die Gesellschaft hat allen Gesellschaftsmitgliedern, die nicht arbeitsfähig sind oder denen eine Erwerbsarbeit aufgrund ihrer Lebensumstände nicht zugemutet werden kann oder deren Produktivität für ein angemessenes Arbeitseinkommen zu gering ist, das sozio-ökonomische Existenzminimum zu garantieren. Die Festlegung dieses Niveaus ist keine sozialethische oder statistische Festlegung, sondern eine politische Entscheidung.
5) Die Zahl der Gesellschaftsmitglieder, die auf solche kollektive Fremdhilfe angewiesen ist, sollte möglichst gering gehalten werden.
6) Die Gesellschaft hat das Recht, Regeln und Bedingungen der Zuwanderung fremder Staatsangehöriger festzulegen und dabei vorrangig auch die Rechte der ärmsten der eigenen Bürger zu berücksichtigen.

Auf der Basis dieser Überlegungen gilt es nun, Perspektiven zu diskutieren.

III. Entwicklungsperspektiven

Die mit der hohen Arbeitslosigkeit einhergehende Tendenz der größeren Ungleichheit der Einkommensverteilung ist international festzustellen, vor allem auch deshalb, weil bei einer größeren Kapitalmobilität dieses zu Standorten mit niedrigen Steuersätzen wandert. Im Vergleich zu fast allen Ländern der Erde[24] weist Deutschland eine relativ geringe Armutsquote, eine relativ gleichmäßige Einkommensverteilung, niedrige Arbeitslosenraten, besonders bei niedriger Jugendarbeitslosigkeit usw. aus. Wer also nach Alternativen sucht, um zugleich Armut zu reduzieren, Arbeitslosigkeit zu bekämpfen und eine gleichmäßigere Einkommensverteilung herbeizuführen, kann sich kaum auf empirische Beispiele anderer Länder beziehen, was den Entwurf von Reformperspektiven erschwert.

---

[24] Vgl. Ernst-Ulrich Huster, Armut in Europa, Opladen 1996.

1. Beibehaltung der Grundstruktur der Sozialhilfe

Sozialhilfe als sozialethisch geforderte Mindestbedingung zur Sicherung des sozio-ökonomischen Existenzminimums ist unbestritten. Obwohl auf Sozialhilfe ein Rechtsanspruch dem Grunde nach besteht, wird dieses Instrument aber wegen der Bittstellersituation bei den Sozialämtern, Bedürftigkeitsprüfung und ihres bürokratischen Aufwandes, der Heranziehung von Familienangehörigen zur Erstattung der Sozialhilfezahlungen und wegen der Heranziehung der Empfänger zu gemeinnützigen Arbeiten kritisiert.[25] Diese Bedingungen und äußeren Umstände werden als eine Beeinträchtigung von Menschenwürde gewertet. Als vorzuziehende Alternativen werden ein Bürgergeld oder ein Grundeinkommen ohne Arbeit genannt.

Gegen Bürgergeld- oder Grundeinkommensmodelle[26] sprechen sozialethische und pragmatische Argumente: Eine gerechte Sozialordnung beruht auf einer ausgewogenen Verteilung von Rechten und Pflichten aller Gesellschaftsmitglieder. Bei dauerhaften Beziehern von Grundeinkommen oder Bürgergeld wäre aber die Frage zu stellen, welche Pflichten - Beteiligung an der gesamtgesellschaftlich notwendigen Arbeit - sie übernehmen. Dieses grundsätzliche Argument ist in der aktuellen Situation durch ein weiteres zu ergänzen: Die Einführung von Grundeinkommen oder Bürgergeld stellt eine Resignation vor dem Arbeitsmarktproblem

---

[25] Hauser, Das empirische Bild der Armut, a.a.O. (Fn. 8), S. 5 erwähnt solche Kritikpunkte.

[26] Vgl. Joachim Wiemeyer, Grundeinkommen ohne Arbeit - kritische Anmerkungen, in: Aus Politik und Zeitgeschichte, B. 38/88, S. 43-51 und Ders., Sozialethische Probleme eines Grundeinkommens ohne Arbeit, in: Otto Kimminich u.a. (Hrsg.), Mit Realismus und Leidenschaft, FS Valentin Zsifkovits, Graz - Budapest 1993, S. 323-332.

dar und würde damit die ungerechten Strukturen auf dem Arbeitsmarkt stabilisieren.[27]

Weiterhin gibt es pragmatische Argumente: Finanzierbar ist ein Grundeinkommen nur, wenn für die Mehrheit der heutigen Sozialhilfeempfänger das Niveau gesenkt wird. Dies betrifft alle Personen, die wie Schwangere, Alleinerziehende, Schwerbeschädigte, usw. Mehrbedarfszuschläge erhalten. Bei pauschalierten Zuweisungen würden Empfänger in ländlichen Regionen mit niedrigen Mieten eventuell bessergestellt, hingegen Empfänger in Großstädten schlechter gestellt. Falls man aber individuelle und regionale Besonderheiten berücksichtigt, tritt die erwartete Entbürokratisierung nicht ein.

Ein anderer Reformvorschlag zielt darauf ab, die Notwendigkeit des Bezugs von Sozialhilfe durch den Einbau von Grundbedarfselementen (Sockelung) in vorgelagerten Sozialsystemen wie der Arbeitslosen- und Rentenversicherung, durch Erhöhung von Kinder- und Wohngeld zu reduzieren.[28] Der Bund hätte aus Steuern die dafür notwendigen Mittel aufzubringen. Die Problematik liegt darin, daß die Stärkung von Umverteilungs- und Versorgungselementen Sozialversicherungen noch weiter staatlichen Versorgungssystemen annähern würde. Da der Bundeshaushalt heute schon 50% Sozialleistungen (einschl. der Sozialkosten für Beschäftigte des öffentlichen Dienstes) umfaßt, würden diese noch stärker kurzfristigen haushaltspolitischen Zwängen unterworfen. Bei Sozialleistungen mit einer alleinigen oder vorrangigen Abhängigkeit vom Bundeshaushalt - wie dem Erziehungs- und Wohngeld -, gibt es seit

---

[27] Ausführlicher: Joachim Wiemeyer, Arbeitslosigkeit - ein unabwendbares Schicksal?, in: Gesellschaft im Test, Nr. XXXVI, Dortmund 1996, S. 36-43.

[28] Vgl. für die Arbeitslosenversicherung: Walter Hanesch, Sozialpolitik und arbeitsmarktbedingte Armut, in: Aus Politik und Zeitgeschichte, B. 31-32/95, S. 19-21. Ebenso im Gemeinsamen Wort: „Für eine Zukunft in Solidarität und Gerechtigkeit, a.a.O. (Fn. 3), Nr. 179.

rd. 10 Jahren keine Erhöhung mehr. Selbsthilfe und Selbstverwaltung der Sozialversicherungen würden dadurch weiter geschwächt, statt Sozialversicherungen ordnungspolitisch sachgerecht zu entpolitisieren.

Befürworter von Grundeinkommensmodellen und von Sockelungen in den Sozialversicherungen verweisen auf die zunehmende Flexibilität von Arbeitsverhältnissen wie von Perioden von Arbeitslosigkeit, Teilzeitarbeit etc. in der individuellen Erwerbsbiographie. Da solche Arrangements sich häufig im Sinne einer Individualisierung als selbst gewählt ergeben, erscheint es problematisch, wenn Negativfolgen von Entscheidungen auf die Gemeinschaft abgewälzt werden können. An Stelle eines Eintretens der Steuerzahler erscheint eine Armutsprävention durch eine umfassende Vorsorgepflicht sachgerechter. Die Sozialversicherungspflicht ist also auf weitere Personengruppen wie Selbständige einschließlich Scheinselbständige, Heimarbeiter, Inhaber von Werkverträgen etc. auszudehnen. Beispiel für die Vermeidung von Sozialhilfebezug durch Vorsorge ist die Pflegeversicherung.

2. Die kommunale Zuständigkeit

Träger der Sozialhilfe sind bei Hilfe zum Lebensunterhalt die Kommunen, bei bestimmten Leistungen in besonderen Lebenslagen auch das jeweilige Landessozialamt oder die Landschaftsverbände. Eigentlicher Adressat der Sozialhilfe sind nicht Personen, die allein Geldmangel haben, etwa weil sie keinen Arbeitsplatz besitzen, sondern Personen, die wegen zusätzlicher Handikaps sozialer Hilfen bedürfen, z.B. Nichtseßhafte/Obdachlose, Suchtkranke, Straffällig-gewesene, Alleinerziehende. Kommunen müssen sich in ihrer gesamten Kommunalpolitik (Stadtplanung, Wohnungsbaupolitik, Jugendarbeit, Kinderbetreuungsmöglichkeiten etc.) auf soziale Probleme einstellen, weshalb bei ihnen die Sozialhilfe sachgerecht angesiedelt ist. Eine hohe Zahl von Arbeitslosen bietet auch für Kommunen einen Anreiz, sich um die Neuschaffung von Arbeitsplätzen zu bemühen. Die großen Unterschiede *(vgl. Tabelle 7 im Anhang)*, die beim Sozialhilfeaufwand pro Kopf zwischen verschiedenen Bundesländern und zwischen verschiedenen Kommunen bestehen, zeigen hier erhebliche Handlungsmöglichkeiten auf.

Die Arbeitsverwaltung hat bisher vor allem bei der Vermittlung von Personen mit zusätzlichen sozialen Belastungen weitgehend versagt. Arbeitsmarktpolitische Maßnahmen wie Fortbildungs- und Umschulungsprogramme konzentrierten sich eher auf bereits formal höher Qualifizierte. Die Arbeitsämter werden kaum individuelle Probleme der Geldempfänger (Wohnen, Verschuldung, Sucht, Familie/Partnerschaft) wirksam angehen können.

Obwohl seit 1961 eine Arbeitsverpflichtung für Sozialhilfeempfänger vorgesehen ist, haben viele Sozialämter erst seit kurzem entsprechende Initiativen unternommen. Die Kommunen haben bisher viel zu wenig darüber nachgedacht, wie sie das freie ungenutzte Arbeitskräftepotential der Sozialhilfeempfänger gesellschaftlich sinnvoll nützen können. Erst in den letzten 2 bis 3 Jahren hat der Druck der hohen Arbeitslosigkeit dazu geführt, daß eine Vielzahl von Initiativen zur Arbeitsförderung von Sozialhilfeempfängern zustande kam. Es gibt zunehmend Beschäftigungsgesellschaften, die versuchen, Sozialhilfeempfänger für den regulären Arbeitsmarkt zu qualifizieren und ihre individuellen Probleme zu bewältigen. Hier zeigt sich der Wert des Subsidiaritätsprinzips, weil dezentrale Suchprozesse innovative Problemlösungen hervorbringen. Kommunale Verantwortung für die Sozialhilfe ist problemadäquat.

3. Der Arbeitseinsatz von Sozialhilfeempfängern

Da ein großer Teil des Anstiegs von Sozialhilfebezug auf einen Anstieg der Arbeitslosigkeit zurückzuführen ist, liegt hier der zentrale Problembereich. Die erste wichtige Aufgabe ist, daß Kommunen mit der örtlichen Wirtschaft, den Arbeitsverwaltungen und Berufs- und Fachschulen sicherstellen, daß alle Jugendliche eine qualifizierte Berufsausbildung erhalten. Bei Jugendlichen ist ein Zusammenhang zwischen Sozialhilfezahlung und der Teilnahme an Ausbildungsgängen herzustellen. Diese Integration von Jugendlichen ist wichtig, damit sie die Chance erhalten, ein Leben ohne dauerhaften Bezug von Sozialhilfe führen zu können.

Innerhalb der Sozialhilfe gibt es Arbeitseinsätze für Sozialhilfeempfänger, wo diese zusätzlich zur gezahlten Sozialhilfe ein Entgelt von ca. 2 DM pro Stunde erhalten. Eine solche Maßnahme ist dann sinnvoll, wenn die Sozialverwaltung unberechtigten Bezug von Sozialhilfe feststellen und den Teil erfassen will, der sich nicht selbst ausreichend um eigene Arbeit bemüht. Bis zu 25% der arbeitsfähigen Sozialhilfeempfänger verzichten bei solchen Arbeitsangeboten auf den Sozialhilfebezug.

Dieses Instrument bietet aber keine längerfristige Perspektive: Erstens erhält der Sozialhilfeempfänger bei diesen Arbeitsformen keine Sozialversicherungsansprüche, die ihn nach einiger Zeit aus der Sozialhilfe herausführen, zweitens vermitteln diese Tätigkeiten kaum Qualifikationen, die auf dem regulären Arbeitsmarkt verwendbar sind, drittens entsteht der subjektive Eindruck, weil bisher entgegen der Gesetzeslage in den letzten 35 Jahren immer nur wenige Sozialhilfeempfänger herangezogen wurden, man müsse für einen Billigstlohn tätig werden, fast Straf- oder Zwangsarbeit leisten.

Arbeitslosigkeit kann bekämpft werden, wenn in der Gesamtbreite der Volkswirtschaft Arbeitsplätze geschaffen werden, die Einzelpersonen ein Nettoeinkommen gewähren, das deutlich über 1000.- DM monatlich, dem Sozialhilfeaufwand für eine Einzelperson, liegt. Dazu gibt es vielfältige Möglichkeiten. Solche sozialversicherungspflichtigen Arbeitsstellen sollten auch staatlich subventioniert bereitgestellt werden.[29]

4. Die Problemgruppe der Alleinerziehenden

Der Sozialhilfebezug bei Alleinerziehenden ist dadurch zu begrenzen, daß den zu 95% Frauen ermöglicht wird, durch eigene Erwerbsarbeit ihren Lebensunterhalt und den ihrer Kinder zu bestreiten. Für jüngere Alleinerziehende, die häufig schulische und berufliche Ausbildungen nicht abgeschlossen haben, sind geeignete Kinderbetreuungsmöglichkeiten bereitzustellen und entsprechende Bildungsangebote zu machen. Während der Rechtsanspruch auf einen Kindergartenplatz zwischen dem 3.-6. Lebensjahr Möglichkeiten für Arbeit und Bildung erhöht, fehlen volle Halbtagsschulen, Nachmittagsbetreuung (Hortplätze) bis zum 12. Lebensjahr.

Für ältere Alleinerziehende sind Wiedereinstiegshilfen in den Beruf zu geben. Außerdem stellt für Alleinerziehende die Beschaffung einer geeigneten Wohnung ein Problem dar. Für solche Problemsituationen sind ausreichend Sozialwohnungen erforderlich.

Außerdem stellt sich bei einer erheblichen Anzahl von Alleinerziehenden häufig die Frage nach der Unterhaltspflicht zumeist der Männer. Die Zahlungsbereitschaft hat in den letzten Jahren stark nachgelassen. Fehlende Unterhaltszahlungen für Kinder werden bis zum 12. Lebensjahr von der öffentlichen Hand vorgestreckt. Datenschutzgründe verhindern häufig eine schnelle Erfassung der Personen und ein Eintreiben der Unterhaltszahlung. Durch Anfragen beim Kraftfahrtbundesamt in Flensburg könnten viele schnell erfaßt und für die Zahlungen herangezogen werden.

---

[29] Ausführlicher in meinem Beitrag: Arbeitslosigkeit - ein unabwendbares Schicksal?, a.a.O. (Fn. 27).

5. Notwendige Kontrolle der Zuwanderung

Die Zuwanderung in die Bundesrepublik ist strikt zu begrenzen, was ja auch bei Aussiedlern mit dem drastischen Rückgang der Zugangszahlen in jüngster Zeit geschieht, indem in GUS-Ländern erst Sprachprüfungen über Deutschkenntnisse abgelegt werden müssen. Sinnvoll wäre es, bei reduzierter Zahl der Aussiedler die Humankapitalinvestitionen durch Sprachkurse, Bildung und Ausbildung zu verstärken, um damit ausreichende Lebenschancen in der Bundesrepublik zu geben.

Angesichts der Zukunftsperspektiven auf dem Arbeitsmarkt ist die Zuwanderung ungelernter ausländischer Arbeitskräfte weitmöglichst zu unterbinden. Asylbewerber, Bürgerkriegsflüchtlinge u.a. aus humanitären Gründen aufgenommene Personenkreise können nur im begrenzten Umfang akzeptiert werden. Es ist eine gerechte Verteilung auf alle EU-Länder anzustreben. Langfristig wird man angesichts der demographischen Entwicklung in der Bundesrepublik gezielt qualifizierte ausländische Arbeitskräfte einreisen lassen, wenn sie einen Arbeitsplatz nachweisen können.

Schlußfolgerungen

Die wachsende Zahl von Sozialhilfeempfängern in Deutschland stellt eine gravierende sozialethische Herausforderung dar. Bisher hat sich noch keine größere Gruppe einer stabilen Armutsbevölkerung, die dauerhaft von Sozialhilfe lebt, herausgebildet. Angesichts der Höhe der Arbeitslosen- und der Sozialhilfezahlen und der Perspektive, daß kurzfristig keine Lösungen des Arbeitsmarktproblems möglich und mittelfristig denkbare durch starke gesellschaftliche Kräfte blockiert werden, drohen hier aber soziale Prozesse, die mit den sozialethischen Vorstellungen einer Gesellschaftsordnung, die möglichst alle Bürger in einem Mindestmaß am sozialen Leben und den ökonomischen Gütern teilhaben läßt, unvereinbar sind. Diese sozialen Desintegrationsprozesse haben auch für die Gesellschaft negative Folgewirkungen: etwa wachsende Armutskriminalität, soziale Konflikte, etwa gewaltsam ausgetragene Auseinandersetzungen zwischen Aussiedlerjugendlichen und Jugendlichen aus der zweiten Ausländergeneration über den niedrigsten sozialen Status in unserer Gesellschaft. Welche Konsequenzen eine Entwicklung zunehmender sozialer Unterschiede auf Dauer hat, läßt sich in den USA ablesen, wo angesichts hoher Kriminalitätsraten sich wohlhabende Bevölkerungsschichten weigern, für sozialen Ausgleich Steuern zu zahlen, sie diese gesparten Steuermittel aber für Gefängnisse, Polizei, private Wachdienste, verbunkerte Privathäuser etc. ausgeben müssen. Die Bewältigung von Kriminalitätsproblemen und anderen sozialen Problemlagen kann die Gesellschaft langfristig mehr kosten, als wenn man rechtzeitig gegensteuert. Daher liegen Investitionen in die Humanität der Gesellschaft im Sinne von Armutsprävention und Armutsvermeidung auch im Interesse der Bevölkerungsgruppen, die selbst nie befürchten müssen, einmal in ihrem Leben selbst Sozialhilfeempfänger zu werden, und sich als reine Nettozahler belastet fühlen. Gemäß der „vorrangigen Option für die Armen" ist es Aufgabe eines christlichen Weltengagements, die Gesellschaft aus solchen kollektiven Irrationalitäten herauszuführen, um die gemeinwohlwidrigen Zustände wachsender Sozialhilfebedürftigkeit zu bekämpfen.

Tabelle 1: Zahl der Sozialhilfeempfänger

Position	Alte Bundesländer						Neue Bundesländer		
	1980	1985	1990	1991	1992	1993	1991	1992	1993
	Anzahl in 1.000								
Insgesamt 1)	2.144	2.814	3.754	3.738	4.033	4.269	489	685	749
Nach Hilfearten 2)									
Laufende Hilfe zum Lebensunterhalt	1.322	2.063	2.890	2.857	3.151	3.405	364	488	545
Hilfe in besonderen Lebenslagen	1.125	1.108	1.510	1.544	1.630	1.661	167	240	255
Nach Art der Unterbringung 2)									
Außerhalb von Einrichtungen	1.626	2.254	3.106	3.103	3.384	3.624	360	502	560
In Einrichtungen	563	597	699	685	701	693	129	184	190
Nach dem Alter									
Bis unter 18 Jahre	605	774	1.070	1.104	1.223	1.313	143	195	223
18 bis unter 25 Jahre	194	362	432	405	453	463	53	86	90
25 bis unter 60 Jahre	675	1.087	1.537	1.517	1.643	1.778	172	246	283
60 Jahre und älter	670	591	714	711	714	714	122	158	153
Nach dem Geschlecht									
Männer	864	1.228	1.727	1.715	1.885	2.003	207	307	342
Frauen	1.280	1.586	2.027	2.023	2.148	2.266	282	378	406
Nach der Staatszugehörigkeit									
Deutsche	1.981	2.488	2.941	2.802	2.840	2.993	467	598	654
Ausländer	163	325	813	937	1.193	1.276	21	87	95

1 Personen, die gleichzeitig mehrere Hilfen bezogen, wurden nur einmal erfaßt

2 Personen, die mehrere Hilfen bezogen, wurden bei jeder Hilfeart erfaßt

Quelle: Monatsbericht der Deutschen Bundesbank April 1996, S. 52

Tabelle 2: Regelsätze 1996

	West	Ost
Haushaltsvorstand	530	512
bis zum 7. Lebensjahr	265	256
bei Alleinerziehenden	292	282
vom 8.-14. Lebensjahr	345	333
vom 15.-18. Lebensjahr	477	461
ab dem 19. Lebensjahr	424	410

Hinzu kommen: Wohnungskosten, Einmalhilfen für Kleidung und Hausrat, Beiträge zur Sozialversicherung

Quelle: Bundesministerium für Gesundheit, Sozialhilfe ihr gutes Recht, August 1996

Tabelle 3: Ausgaben und Einnahmen der Sozialhilfe

Position	Alte Bundesländer							Neue Bundesländer			
	1980	1985	1990	1991	1992	1993	1994	1991	1992	1993	1994
	Mrd. DM										
Ausgaben	13,3	20,8	31,8	34,1	38,1	43,0	43,0	3,2	4,5	5,9	6,5
Nach Hilfearten											
Hilfe zum Lebensunterhalt	4,3	8,0	13,0	13,3	14,3	16,5	15,4	1,0	1,4	1,5	1,6
Hilfe in besonderen Lebenslagen	8,9	12,8	18,8	20,9	23,8	26,6	27,6	2,2	3,1	4,4	5,0
darunter:											
Hilfe zur Pflege	5,0	7,2	10,2	11,1	12,6	13,8	14,6	1,6	2,1	2,7	3,1
Eingliederungshilfe für Behinderte	2,7	4,2	6,6	7,5	8,5	9,9	10,6	0,5	0,8	1,3	1,6
Nach Art der Unterbringung											
Außerhalb von Einrichtungen	5,0	8,6	14,3	14,6	15,7	18,1	17,2	0,6	1,1	1,3	1,5
In Einrichtungen	8,3	12,3	17,5	19,5	22,4	24,9	25,8	2,6	3,4	4,5	5,0
Einnahmen	3,1	4,6	6,5	6,6	6,3	6,9	...	0,4	1,2	1,9	...
Nettoausgaben	10,2	16,3	25,2	27,5	31,8	36,2	...	2,8	3,3	4,0	...

Quelle: Monatsbericht der Deutschen Bundesbank April 1996, S. 51

Tabelle 4:
Sozialhilfeaufwand im Vergleich zu anderen Sozialhilfeleistungen 1995

	in Mill. DM
Sozialbudget insgesamt:	1.179.000
Rentenversicherung	361.121
Krankenversicherung	239.996
Arbeitsförderung	129.203
Beamtenpensionen	55.967
Lohnfortzahlung	55.246
Sozialhilfe	53.328
Kindergeld	21.213

Quelle: Bundesarbeitsblatt 3/1997

Tabelle 5: Struktur der Sozialhilfeausgaben 1995

	Deutschland	West	Ost
	in Mill. DM		
Gesamt:	52.160	45.111	7.045
Hilfe zum Lebensunterhalt	18.785	17.021	1.764
Hilfe in besonderen Lebenslagen	33.375	28.064	5.281
darunter:			
Hilfe zur Pflege	17.473	14.336	3.136
Eingliederungshilfe für Behinderte	13.192	11.244	1.947

nachrichtlich: Asylbewerberleistungsgesetz 1995: 5.476 Mrd. DM

Quelle: Statistisches Bundesamt, April 1997

Tabelle 6: Lohnabstandsgebot 1996

Verheirateter Fabrikarbeiter mit drei Kindern (im Alter von 1, 8, 12 Jahren)

	West	Ost
Brutto	3.600	2.400
Nettoarbeitsentgelt	2.546	1.882
Kindergeld	700	700
Wohngeld	133	177
Haushaltseinkommen	3.379	2.759
Arbeitsmittel	-10	-10
Fahrtkosten	-80	-80
Absetzbetrag für Erwerbstätigkeit	-265	-256
anzurechnen	3.024	2.413
Sozialhilfe	2.849	2.459
(bei Wohnungskosten	940	615)

Anspruch auf einmalige Leistungen: Sozialhilfe 46 DM
Leistung möglich: monatlich

Tabelle 7: Sozialhilfeaufwand 1993 pro Einwohner

Bundesländer:	
Baden-Württemberg	389 DM
Bayern	338 DM
Berlin	831 DM
Brandenburg	272 DM
Bremen	1.137 DM
Hamburg	1.163 DM
Hessen	680 DM
Mecklenburg-Vorpommern	285 DM
Niedersachsen	593 DM
Nordrhein-Westfalen	583 DM
Rheinland-Pfalz	434 DM
Saarland	642 DM
Sachsen	258 DM
Sachsen-Anhalt	221 DM
Schleswig-Holstein	608 DM
Thüringen	189 DM
Deutschland (Durchschnitt):	495 DM

Quelle: Wirtschaft und Statistik 2/1995

Winfried Schmähl

Alterssicherung - quo vadis?

Konzeptionen, Entwicklungstendenzen und mögliche Folgen[1]

1. Zur Einführung

Am Ende dieses Jahrhunderts gehört „Alterssicherung" zu den besonders intensiv diskutierten Themen. Dies gilt nicht etwa nur für Deutschland[2], wo wir - medienverstärkt und oft verzerrend - in den letzten Jahren eine öffentliche Auseinandersetzung erlebten, die oft durch Schlagworte geprägt wurde. Da wurde vom bevorstehenden Kollaps umlagefinanzierter Alterssicherung gesprochen angesichts der „demographischen Zeitbombe", von der Ausbeutung der Jungen durch die Alten, wenn das gegenwärtige staatliche System weiterhin bestehen sollte. Insbesondere die sich abzeichnenden tiefgreifenden Veränderungen im Altersaufbau der Bevölkerung haben zu einer erhöhten Sensibilität für Fragen der Alterssicherung beigetragen, und zwar nicht allein bei älteren, sondern inzwischen vor allem auch bei jün-

---

1 Die schriftliche Fassung meines Referats basiert zu erheblichen Teilen auf zwei Ausarbeitungen, die als Arbeitspapiere des Zentrums für Sozialpolitik vorliegen, Schmähl (1997b und c)

2 So suchen ehemals sozialistische Länder auch für die soziale Sicherung nach einer Neuorientierung; sich entwickelnde Volkswirtschaften mit noch jungen Bevölkerungen stehen vor erheblichen Veränderungen der Familien- und Haushaltsstrukturen; hochentwickelte Volkswirtschaften in Europa, Amerika und Asien mit bereits hohem, aber noch beträchtlich steigendem Anteil älterer Menschen an der Bevölkerung suchen nach einer neuen Balance zwischen Abgabenbelastung und Leistungsniveau in verschiedenen Zweigen sozialer Sicherung.

geren Menschen. Aber der Umgang mit diesen Fragen in der öffentlichen Diskussion hat mit zu einer wachsenden Verunsicherung in der Bevölkerung beigetragen. Leider gibt es auch Anzeichen für ein gezieltes Schüren eines „Generationenkonflikts". Es droht die Gefahr, daß sich die Auffassungen in der Bevölkerung, insbesondere über die langfristigen Finanzierungsperspektiven der gesetzlichen Rentenversicherung immer mehr von den realen Tatbeständen entfernen und schließlich die Art der öffentlichen Diskussion vor allem über die gesetzliche Rentenversicherung die Grundlage für eine „self-fulfilling prophecy" legt. Im politischen Prozeß müssen folglich Antworten auf die den Menschen immer bewußter gewordenen Fragen über die Zukunft ihrer Alterssicherung gegeben werden, Antworten, die eine Perspektive erkennen lassen und durch klare Rahmenbedingungen Anhaltspunkte insbesondere für individuelle zusätzliche Altersvorsorgeaktivitäten vermitteln.

Oft wird über instrumentelle Fragen diskutiert, über das Anpassungsverfahren von Renten, ihre steuerliche Behandlung usw. Dahinter stehen jedoch grundlegende konzeptionelle Fragen, so insbesondere nach der Aufgabenverteilung zwischen privaten und öffentlichen Institutionen, nach Konzeptionen für die Entwicklung in den jeweiligen Institutionen sowie deren Umfang und Struktur. Deshalb wird nachfolgend zunächst kurz auf unterschiedliche Konzeptionen der Alterssicherung wie auch einige sich hierbei in anderen Ländern abzeichnende Entwicklungstendenzen hingewiesen, um anschließend vor diesem Hintergrund auf Entwicklungsperspektiven der Alterssicherung in Deutschland einzugehen. Die wichtigsten Strukturveränderungen, die für die Alterssicherung relevant sind, werden dabei als bekannt unterstellt.

2. *Konzeptionen der Alterssicherung*

Ausgangspunkt für die Umgestaltung oder Weiterentwicklung der Alterssicherung sollte neben einer Lageanalyse die Klärung der angestrebten Konzeption sein. Sie kann als Leitlinie für die zielgerichtete Auswahl einzelner Maßnahmen dienen.

Vereinfachend können zwei Grundkonzeptionen für Alterssicherungssysteme unterschieden werden:

(1) *Vorsorgesysteme*, bei denen Leistungen im Alter auf Vorleistungen in früheren Phasen beruhen, sei es mit oder ohne Risikoausgleich (Versicherungen oder reine Sparmodelle), in *privater* oder *staatlicher* Trägerschaft sowie *freiwillig* oder *obligatorisch*. Hier steht die intertemporale Einkommensumverteilung im Lebenszyklus im Zentrum.

(2) *Versorgungssysteme*, bei denen gezielt zwischen Personen interpersonell umverteilt wird, wobei eine Vorleistung oder deren Höhe für die Höhe der Leistung im Alter keine Rolle spielt. Die Leistungen im Alter sind folglich unabhängig vom früheren Einkommen, können einheitlich hoch sein oder aber die aktuelle Einkommenslage im Alter berücksichtigen, also andere Einkünfte auf die Alterssicherungsleistung anrechnen. Dies kann nur in *staatlicher* Regie und in einem *Pflichtsystem* realisiert werden.

Die folgenden Ausführungen beziehen sich zunächst auf sogenannte *Regel-Alterssicherungssysteme*, die für größere Personengruppen die Grundlage ihrer Alterssicherung bilden. Sie beschränken sich zudem auf staatliche Einrichtungen.[3] Für ein *staatliches* Regel-Alterssicherungssystem ist zu entscheiden, ob dies allein auf eine *Mindestsicherung* beschränkt sein soll (maßgebendes Ziel ist dabei die Armutsvermeidung) oder ob die-

[3] Damit bleibt eine obligatorische Privatversicherung als Regelsicherungssystem ausgeklammert, wie sie in dem vielzitierten Reformmodell in Chile besteht.

ses darüber hinausreichend eine *einkommensbezogene Absicherung* mit folglich differenzierten Leistungen im Alter ermöglichen soll. Maßgebendes Ziel ist hierbei eine Verstetigung der Einkommensentwicklung im Lebensablauf beim Übergang in die Altersphase und auch im weiteren Verlauf. Verbunden damit ist auch ein Anknüpfen an die früher erreichte Einkommenssituation. In beiden Fällen ist zu entscheiden, ob das System nach der *Vorsorge- oder nach der Versorgungskonzeption* gestaltet sein soll.[4]

Bei der *Mindestsicherung* sind mindestens drei (Grund-)Varianten zu unterscheiden. Die ersten beiden sind *versorgungsstaatliche* Formen[5]:

- Mindestsicherung nur als *bedürftigkeitsgeprüfte* staatliche Transferleistung, so wie in Australien und neuerdings auch in Neuseeland.
- Steuerfinanzierte *vorleistungsunabhängige* Grundrenten (Staatsbürgerrente) mit *einheitlichen Leistungen* (oft differenziert nach der Wohndauer im Land und gegebenenfalls auch nach dem Familienstand). In der Realität bedeutet dies aber nicht unbedingt, daß die Leistungen dann so hoch sind, daß Armut auch tatsächlich vermieden wird, siehe Großbritannien. In Deutschland wird dies seit langem insbesondere von Biedenkopf und Miegel propagiert.[6]

---

4 Sowohl für die Mindestsicherung wie die einkommensbezogenen Systeme gibt es in der Realität vielfältige Varianten. Darauf ist an anderer Stelle eingegangen worden, vgl. Schmähl (1997b).

5 Diese beiden Varianten der Mindestsicherung sind auch die einzigen Konzeptionen, die aus Sicht der Weltbank für die „erste Säule“ in staatlicher Trägerschaft geeignet sind (vgl. World Bank, 1994).

6 Auch die ursprüngliche Vorstellung Bismarcks entsprach diesem Konzept, das später u.a. von den Nationalsozialisten für eine „Altersversorgung des deutschen Volkes“ mit ausdrücklichem Bezug auf Bismarck aufgegriffen wurde. Zum Überblick siehe Schmähl (1993a, S. 261-280).

Eine dritte Konzeption der Mindestsicherung ist am *Vorsorgegedanken* orientiert:

- Eine *beitragsfinanzierte staatliche Mindestsicherung* mit einem pro Kopf einheitlichen Beitrag (*Kopf-Beitrag*), was zu einer einheitlich hohen Rentenleistung in Abhängigkeit von der Versicherungsdauer führt. Es ist hierbei eine bestimmte Zahl von Beitragsjahren erforderlich, um eine armutsvermeidende Mindestrente zu erlangen. Diese Konzeption spielte im Beveridge-Report eine wichtige Rolle.[7] In Deutschland setzen sich dafür u.a. der „Kronberger Kreis" und der Bund Katholischer Unternehmer (BKU) ein.

Betrachtet man die Entwicklung in Ländern, die eine staatliche Mindest-Alterssicherung eingeführt haben, so zeigt sich, daß früher oder später eine *zweite „Säule" der Alterssicherung* aufgebaut wurde, die - und das ist hervorzuheben - in der Regel *obligatorisch* ist und meist am Beschäftigungsverhältnis anknüpft. Dadurch wird - zumindest für Arbeitnehmer - durch eine zweite Pflichteinrichtung im Zusammenwirken mit der Pflicht-Mindestsicherung eine *einkommensbezogene Alterssicherung* angestrebt. Typische Beispiele für solch eine obligatorische ergänzende Alterssicherung sind die obligatorische betriebliche Alterssicherung in der Schweiz oder in Australien sowie die bisherige am Arbeitsverhältnis anknüpfende Zusatz-Alterssicherung in Schweden (ATP). Demgegenüber sind die ergänzenden Alterssicherungseinrichtungen in Ländern mit einkommensbezogener Regel-Alterssicherung in aller Regel freiwillige Einrichtungen, wie die betriebliche Alterssicherung in Deutschland oder den USA.[8]
Eine Kombination aus steuerfinanzierter Grundrente (auf Sozialhilfeniveau) für alle Staatsbürger im Alter und ausschließlich freiwilliger privater Vorsorge - wie sie von Biedenkopf und Miegel für Deutschland propa-

---

[7] Für eine Diskussion unterschiedlicher Varianten, auch mit Bezug auf die deutsche Situation vgl. Schmähl (1993b).

[8] Näheres hierzu bei Schmähl (1991), S. 47 ff.

giert wird - ist in der Realität kaum vorzufinden.[9] Zudem zeigt die Entwicklung der letzten Jahre, daß zumindest in höherentwickelten Volkswirtschaften die steuerfinanzierte Staatsbürgerrente geradezu als „Auslaufmodell“ bezeichnet werden kann. So nahm Neuseeland Abschied von dieser vergleichsweise teuren Konzeption, um zur Einkommensanrechnung nach australischem Vorbild überzugehen. International deutet sich eine Tendenz zu einer Stärkung der Vorsorgekonzeption auch in staatlichen Systemen an und keinesfalls zu mehr versorgungsstaatlichen Lösungen. - Eine beitragsfinanzierte Mindestrente mit einheitlichem Beitrag wirft erhebliche verteilungspolitische Fragen auf und dürfte entgegen den Zielen ihrer Befürworter doch beträchtliche interpersonelle Umverteilungsvorgänge nach sich ziehen.[10]

Der zweite Grundtyp staatlicher Alterssicherung sind *einkommensbezogene Systeme*. Dabei sind zwei Grundtypen zu unterscheiden: *beitragsorientierte* und *leistungsorientierte Systeme*. Bis vor kurzem existierten in Europa für staatliche Alterssicherungen keine beitragsbezogenen Systeme.[11] Doch es gibt neuere Entwicklungen: In Schweden und in Italien sollen die Weichen in Richtung auf ein beitragsorientiertes staatliches Regelsicherungssystem gestellt werden; in Lettland ist dies - nach schwedischem Reformkonzept und unter Mitwirkung der Weltbank - bereits seit Anfang 1996 erfolgt.

Beitragsorientierte Systeme - die stark am Konzept von Privatversicherungen orientiert sind - sehen nicht ein bestimmtes Absicherungsniveau für den einzelnen Versicherten vor, sondern je nach Verzinsung der Bei-

9 Zur Diskussion über Wirkungen einer steuerfinanzierten Grundrente, einschließlich der für Deutschland beträchtlichen Einführungsprobleme vgl. Schmähl (1974) sowie Schmähl (1993c) mit ausführlichen Literaturverweisen.

10 Näheres hierzu bei Schmähl (1993b).

11 In Deutschland spielt dieser Unterschied bislang für die Ausgestaltung von Betriebsrenten eine Rolle.

träge ergibt sich eine bestimmte Leistung im Alter. Das Absicherungsniveau stellt sich erst beim Leistungsempfang heraus, abhängig insbesondere vom Verhältnis der Verzinsung von Beiträgen zur Einkommensentwicklung bis zum Ausscheiden aus dem Erwerbsleben. Hier erfolgt also eine *Verlagerung von Risiken auf die Versicherten* - dies zeigt sich übrigens auch in Betriebsrentensystemen vieler Länder (Turner, 1996). Die Befürwortung beitragsorientierter Systeme geht oft auch einher mit der Forderung nach einer weitgehenden Privatisierung sozialer Sicherung.[12]

Im Unterschied zu beitragsorientierten Systemen ist in *leistungsorientierten* Systemen eine direkt einkommensbezogene Absicherung mit einem bestimmten Absicherungsniveau vorgesehen, wobei die Höhe der Leistung im Alter positiv mit einer Vorleistung verknüpft ist. Die Gegenleistung im Alter beruht aber nicht auf der absoluten Höhe von Beitragszahlungen (wie in beitragsorientierten Systemen), sondern auf dem jeweiligen Einkommen, das der Beitragszahlung zugrundeliegt. Wie die einkommensbezogene Berechnung der Altersrenten erfolgt, ist - international gesehen - recht unterschiedlich; sie reicht vom letzten Einkommen oder z. B. dem Einkommen der letzten 10 oder 15 Jahre bis zum Einkommen während der gesamten Versicherungszeit - wie in Deutschland.

In diesen einkommensbezogenen Systemen spielt die Frage, inwieweit nur *intertemporal* (unter Berücksichtigung des Risikoausgleichs) zwischen den Lebensphasen umverteilt wird und inwieweit durch die Versicherungsbedingungen auch gezielt *interpersonelle* Umverteilung, also eine gezielte Besser- und Schlechterstellung von Personengruppen, angestrebt wird, eine wichtige Rolle. Es gibt also in der Realität unterschiedliche Mischungsverhältnisse von Vorsorgekonzeption und Versorgungselementen (letzteres wird oft als Soli-

---

[12] Zu damit verbundenen Problemen und Risiken vgl. zum Überblick Mitchell und Zeldes (1996).

darausgleich oder sozialer Ausgleich bezeichnet, auch wenn die Effekte durchaus nicht „sozial“ sein müssen).

3. Einige Entwicklungstendenzen

Betrachtet man die internationale Entwicklung der letzten Jahre, so zeigt sich, daß durch *obligatorische* Systeme eine einkommensbezogene Alterssicherung angestrebt wird. Dies kann durch ein einziges einkommensbezogenes System erfolgen oder durch Kombination eines auf Mindestsicherung ausgerichteten Systems mit einem obligatorischen Zusatzsystem. Weiterhin ist eine *Tendenz zur Stärkung der Vorsorgekonzeption* festzustellen, zum einen durch die zunehmende Bedeutung privater Vorsorge, aber auch in staatlichen Systemen durch eine stärkere Orientierung an Versicherungsüberlegungen.

Die dazu in staatlichen Systemen ergriffenen Maßnahmen sind unterschiedlich: In einigen Ländern erfolgt eine Ausdehnung der Zeiten, die für die Rentenberechnung zugrunde gelegt werden (so in Frankreich oder in Österreich), in anderen eine Ausgliederung von Umverteilungsmaßnahmen aus der Alterssicherung, sei dies institutionell oder finanziell, letzteres z.B. in Frankreich mittels einer spezifischen Abgabe (CSG, Contribution Sociale Généralisée). Auch die Einführung von versicherungstechnischen Abschlägen bei vorzeitigem Rentenbezug oder der Abbau solcher nicht beitragsgedeckter Rentenansprüche, denen keine adäquate Finanzierung aus dem Staatshaushalt gegenübersteht, sind weitere Elemente, die eine Stärkung von Leistung und Gegenleistung in der Alterssicherung bewirken. Die politischen Entscheidungen in Deutschland zum „Rentenreformgesetz 1992“, wie auch die 1996 beschlossenen Maßnahmen im Rahmen des „Wachstums- und Beschäftigungsförderungsgesetzes“ führen für die gesetzliche Rentenversicherung zu einer Stärkung der Beziehung zwischen Finanzierungsbeitrag und Rentenleistung.

Für eine Stärkung der Vorsorgekonzeption gibt es eine Reihe von ökonomischen Gründen, auf die hier nicht näher eingegangen werden kann.[13] Auch gibt es verschiedene ökonomische Gründe, die gegen einen Übergang in der deutschen staatlichen Alterssicherung zu einer versorgungsstaatlichen Lösung sprechen, wie sie im politischen Raum vor allem als steuerfinanzierte, vorleistungsunabhängige Staatsbürgerrente propagiert wird. Auch dies kann hier nicht weiter erörtert werden.[14]

4. Zu einigen Vorschlägen für die Weiterentwicklung der gesetzlichen Rentenversicherung

Wenn hier der Blick vor allem auf die gesetzliche Rentenversicherung gerichtet wird, so u.a. deshalb, weil ihre Entwicklung nicht nur Auswirkungen insbesondere auf Änderungen der Beamtenversorgung haben dürfte, sondern weil sie gleichfalls für Entscheidungen zur betrieblichen Altersversorgung und über zusätzliche Vorsorgemaßnahmen der Privathaushalte von großer Bedeutung ist.

In längerfristiger Perspektive ist der Beitragsbedarf in der gesetzlichen Rentenversicherung allerdings kaum anders als zum Zeitpunkt der Entscheidung über das „Rentenreformgesetz 1992“ im November 1989, also noch vor der deutschen Vereinigung. Bei unverändertem Finanzierungs- und Leistungsrecht (unter Verwendung bestimmter weiterer Annahmen) würde aus gegenwärtiger Perspektive der 1997 20,3 v.H. betragende Beitragssatz bis auf rund 26 v.H. im Jahre 2030 steigen. Ein solcher Beitragssatz wird gegenwärtig als nicht akzeptabel angesehen. Davon wird auch im folgenden ausgegangen.

---

[13] Ausführlich dazu Schmähl (1997a).

[14] Vgl. dazu Schmähl (1993c).

4.1 Stärkere Verknüpfung von Leistung und Gegenleistung durch sachgerechte Aufgabenzuordnung und sachgerechte Finanzierung

Politisch scheint sich die Auffassung durchgesetzt zu haben, daß für die Akzeptanz der gesetzlichen Rentenversicherung in der Bevölkerung eine stärkere Verknüpfung von Beitrag (Leistung) und Rente (Gegenleistung) erforderlich ist. Dies war bereits in politischen Entscheidungen der letzten Jahre angelegt. In Verbindung mit dem Bemühen um mehr Transparenz in den Verteilungsvorgängen wie auch im Interesse einer größeren Stabilität der Rentenversicherung ergeben sich daraus Konsequenzen für eine sachgerechte Risikozuordnung zu verschiedenen Trägern, wobei sich die Aufgaben der Rentenversicherung auf die Absicherung im Alter und bei Invalidität konzentrieren sollten. Zugleich ist eine sachgerechte Finanzierung der Aufgaben erforderlich, die von der Rentenversicherung wahrgenommen werden. Beides steht in engem Zusammenhang.

So ist es notwendig, daß Aufgaben der allgemeinen Einkommensumverteilung wie auch sonstige allgemeine öffentliche Aufgaben, die der Rentenversicherung übertragen werden, aus allgemeinen Haushaltsmitteln finanziert werden. Anderenfalls ergeben sich negative Wirkungen, insbesondere

- durch Erhöhung der *Arbeitskosten* für die Finanzierung von Aufgaben, die nichts mit dem Arbeitsverhältnis zu tun haben, was tendenziell beschäftigungspolitisch negativ wirkt,
- durch unsoziale *Verteilungswirkungen*, da die Finanzierung nicht von allen Gruppen der Bevölkerung gemäß ihrer jeweiligen steuerlichen Leistungsfähigkeit erfolgt, sondern auf Versicherungspflichtige und deren Arbeitsentgelt bis zur Beitragsbemessungsgrenze begrenzt bleibt.

Eine sachgerechte Regelung der Finanzierungsverantwortung vermeidet diese Effekte, mit der Folge, daß der Beitrag eng mit der Höhe der späteren Gegenleistung verknüpft wird (mehr den Charakter eines Preises erhält), was eher zur Akzeptanz der Abgabenpflicht und zu geringeren Abgabenwiderständen führt.

Darüber hinaus wird damit eine klare Regelung der Finanzierungsverantwortung erreicht. Eine Grundregel sollte sein: Keine Zuerkennung von Leistungsansprüchen ohne sachgerechte Regelung der Finanzierung, am besten in Form von Beitragszahlungen der zuständigen Institutionen oder Person. Weiterhin - was gesellschaftspolitisch wichtig ist - wird deutlich gemacht, daß es eine Balance zwischen Rechten (auf Leistungen) und Pflichten (zur Finanzierung) gibt.

Die sachgerechte Finanzierung der Rentenversicherung kann auf unterschiedlichen Wegen erreicht werden: durch Abbau bislang nicht sachgerecht finanzierter Ausgaben sowie durch organisatorische oder fiskalische Ausgliederung.

In der politischen Diskussion spielt derzeit die sachgerechte Finanzierung (zumeist bezogen auf die oft irreführend als „versicherungsfremde Leistungen" bezeichneten Ausgaben und den hiermit verbundenen Beitragsbedarf) eine erhebliche Rolle. Unbeschadet aller Diskussionen über das exakte Ausmaß der Fehlfinanzierung in der Rentenversicherung führen die vorliegenden Berechnungen weitgehend übereinstimmend dazu, daß der Beitragssatz in der Rentenversicherung um etwa 2 Punkte niedriger liegen könnte, würden die von der Rentenversicherung wahrgenommenen Aufgaben sachgerecht finanziert.[15] Der „überhöhte" Beitragssatz und die Erwartung seiner weiteren Steigerung erhöhen den politischen Druck auf Leistungsreduktionen

[15] Für die Beurteilung der ökonomischen Wirkungen einer sachgerechten Finanzierung ist dann die jeweilige „Gegenfinanzierung" zu berücksichtigen. Im Falle einer anderen Abgabeart anstelle von Sozialversicherungsbeiträgen hängen die Wirkungen in erheblichem Maße von den Überwälzungsannahmen und dabei auch den Annahmen über Lohnverhandlungen ab. Hierauf kann an dieser Stelle nicht näher eingegangen werden.

in der Rentenversicherung, insbesondere zur generellen Niveausenkung (des Eckrentenniveaus; Näheres dazu weiter unten).

Sachgerechte Finanzierung und Risikozuordnung stehen in einem engen Zusammenhang. Dies bezieht sich vor allem auf Maßnahmen der Familienpolitik, der Armutsbekämpfung und der Arbeitsmarktpolitik.

Familienpolitik ist als gesamtgesellschaftliche Aufgabe aus allgemeinen Haushaltsmitteln zu finanzieren.[16] Will man entweder in der Phase der Kindererziehung eine finanzielle Entlastung von Beiträgen zur Rentenversicherung oder für die Altersphase eine Berücksichtigung der Kindererziehung bei der Rentenberechnung[17], so bietet sich dafür ein systemadäquater, transparenzfördernder Weg an: Die für die Familienpolitik zuständige Institution zahlt in Zeiten des Aufziehens von Kindern an die Rentenversicherung Beiträge. Damit wäre nicht nur die Finanzierungszuständigkeit systemgerecht geregelt, sondern es wird auch deutlich, daß Rentenansprüche primär auf Beitragszahlungen be-

---

[16] Im Interesse von mehr Transparenz, die auch höhere Zielgenauigkeit von Maßnahmen erlaubt, wäre eine institutionelle Zusammenfassung eines erheblichen Teils familienpolitischer Transfers sinnvoll. Vgl. zum gesamten Problemkomplex u.a. Kaufmann 1996, speziell zur Verbindung von Kindererziehung und Alterssicherung Horstmann 1996.

[17] Von vielen Seiten werden zusätzliche Leistungen in der Altersphase für Personen gefordert, die Kinder aufgezogen haben. Auch das Bundesverfassungsgericht votierte in diesem Sinne. Entscheidungsbedürftig ist zunächst aber die Frage, ob der Einsatz knapper Haushaltsmittel nicht eher in der Phase des Aufziehens von Kindern erfolgen sollte. Wenn jedoch eine Verbesserung der Einkommenssituation im Alter angestrebt wird, dann wäre es auch möglich, dies nicht innerhalb der Rentenversicherung - z.B. durch zusätzliche Kindererziehungszeiten - zu realisieren, sondern getrennt vom Rentenversicherungssystem, z.B. durch ein (steuerfinanziertes) Familiengeld im Alter, das dann - je nach Zielvorstellungen - auch stärker zielgerichtet (z.B. unter Berücksichtigung der Einkommenslage) ausgestaltet werden könnte.

ruhen, diese Beitragszahlungen aber nicht allein bei Erwerbstätigkeit - oder in Phasen der Arbeitslosigkeit von der Bundesanstalt - erfolgen, sondern auch in Phasen gesamtgesellschaftlich für wichtig gehaltener Familientätigkeit (Kindererziehung).[18] Dieser Grundgedanke - der Rentenanspruch setzt Beitragszahlung voraus - kann auch auf andere Tatbestände angewendet werden, so z.B. auf Zeiten der Ausbildung (anstelle von Ausbildungsausfallzeiten).

Angesichts der in jüngerer Zeit in unterschiedlichen Varianten vorgetragenen Vorschläge zu einer Reduzierung des Leistungsniveaus in der Rentenversicherung ist zu erwarten, daß verstärkt die Forderung nach *armuts*vermeidenden Maßnahmen, auch im Zusammenwirken mit der Rentenversicherung, erhoben wird. Aber auch hierbei sollte eine klare Risikozuordnung erfolgen, und zwar zu den Sozialhilfeträgern: Steht einem Rentner im Alter - aus welchen Gründen auch immer - nur ein Einkommen zur Verfügung, das unter der politisch definierten „Armutsgrenze" liegt, so sollte die Aufstokkung durch eine bedarfsorientierte und bedürftigkeitsgeprüfte, den individuellen Bedingungen Rechnung tragende Leistungsbemessung im Rahmen der Sozialhilfe erfolgen, nicht aber durch die (organisatorische) Vermischung von vorleistungsbezogenen Renten und bedürftigkeitsorientierten Transferzahlungen.

Schließlich sollten Aufgaben im Zusammenhang mit dem Risiko *Arbeitslosigkeit* von der Bundesanstalt für Arbeit wahrgenommen werden. Dies erfordert u.a. eine Verlagerung der finanziellen Konsequenzen arbeitsmarktbedingten Einkommensausfalls bei Minderung der Erwerbsfähigkeit von der Rentenversicherung auf die Bundesanstalt. Dadurch würde nicht nur die Ren-

---

[18] Eine Differenzierung der Beiträge zur Rentenversicherung nach der Kinderzahl, d.h. durch Umverteilung des Beitragsaufkommens allein zwischen erwerbstätigen Beitragszahlern, führt u.a. zu verteilungspolitisch fragwürdigen Wirkungen (vgl. Schmähl 1988, S. 245-258).

tenversicherung entlastet, sondern Ausgabenentwicklung und Finanzbedarf in der Rentenversicherung würden vom Arbeitsmarktrisiko stärker abgekoppelt. Es erscheint zudem plausibel, daß Schwankungen von Beitragssätzen bei der Bundesanstalt in der Bevölkerung bei weitem nicht solche Verunsicherung auslösen wie (arbeitsmarktbedingte) Schwankungen des Beitragssatzes in der Rentenversicherung, da die Rentenversicherung aus Sicht der Betroffenen weitaus mehr auf langfristige Stabilität angewiesen ist.

Eine sachgerechte Risiko- und Aufgabenzuordnung vermeidet, daß z.B. die Rentenversicherung mit zu vielen Aufgaben und Zielen überfrachtet wird, macht die Rentenversicherung insofern „schlanker", mindert damit den Beitragsbedarf und erhöht die Transparenz für diejenigen, die im politischen Prozeß Entscheidungen zu treffen haben, wie auch für die Bürger.

4.2 Rentenniveau, Rentenformel und Beitragssatz

Im Zentrum der politischen Diskussion stehen Maßnahmen zur Reduzierung des Beitragssatzes und eine Reduzierung „des Rentenniveaus" durch eine Veränderung der Rentenformel (zumeist angestrebt durch die Einführung eines „demographischen Faktors"). In Politik und Öffentlichkeit bestehen dabei jedoch vielfach Unklarheiten insbesondere über „das Rentenniveau". Hier wird in der Regel Bezug genommen auf das Eck- oder Standardrentenniveau. Dieses ist definiert als Relation einer Rente, der 45 Entgeltpunkte zugrunde liegen, zum durchschnittlichen Nettoarbeitsentgelt aller Versicherten. Die 45 Entgeltpunkte ergeben sich z.B. für einen Durchschnittsverdiener mit 45 Versicherungsjahren, können aber auch durch andere Kombinationen von (relativer) Entgelthöhe und Versicherungsjahren erreicht werden.

Verteilungspolitischer Zielwert für das Niveau der Eckrente ist seit 1992 ein Satz von rund 70% des durchschnittlichen Nettoarbeitsentgelts. Dieser Wert wird im Zeitablauf aufrechterhalten, da die Anpassung der Renten[19] - mit einjähriger Verzögerung - nach der 1992 eingeführten Nettoanpassungsformel der Entwicklung des durchschnittlichen Nettoarbeitsentgelts folgt. Versicherte mit mehr bzw. weniger als 45 Entgeltpunkten erhalten ein proportional höheres bzw. niedrigeres Niveau.[20]

Bei der Beurteilung dieser Niveauwerte[21] ist allerdings zu beachten, daß (a) Änderungen des Leistungsrechts (wie z.B. Reduzierung von Ausbildungszeiten) das Eckrentenniveau nicht berühren, da diesem ja 45 Entgeltpunkte zugrunde liegen, und (b) derzeit etwa 50% aller männlichen Altersrentner und rund 95% aller Altersrentnerinnen auf ihrem Versichertenkonto weniger als 45 Entgeltpunkte haben. (c) Schließlich ist zu berücksichtigen, daß bei gegenwärtigem Leistungsniveau die 70% des Eckrentenniveaus sich auf eine Rente ohne Abschläge bei „vorzeitigem" Rentenbeginn beziehen. Dieses „Referenzalter" für eine abschlagfreie Altersrente wird in wenigen Jahren stufenweise auf 65 Jahre angehoben. Pro Monat des vorzeitigen Rentenbezugs mindert sich der Rentenzahlbetrag um 0,3%, also pro Jahr um 3,6%. Nach gegenwärtigem Recht wird der frühestmögliche Bezug einer Altersrente bei 60 Jahren liegen. D.h. maximal reduziert sich die Rente um 18%.[22] Diese drei Aspekte sind folglich auch zu beach-

---

[19] Allgemeiner und technisch ausgedrückt: des aktuellen Rentenwertes.

[20] Z.B. bei 40 Entgeltpunkten sind dies 40/45 * 0,7 = 0,62.

[21] Vgl. zur Aussagefähigkeit von Niveauinformationen bereits ausführlich Schmähl 1975.

[22] Im Gesetzentwurf für ein „Rentenreformgesetz 1999", das die Bundesregierung im Juni 1997 vorlegte, ist allerdings vorgesehen, daß der frühest mögliche Bezug einer Altersrente künftig im Regelfall erst ab 62 möglich sein wird.

ten bei Vorschlägen zu einer Reduzierung des Eckrentenniveaus - also bei einer generellen Niveausenkung.[23]

In Übersicht 1 ist exemplarisch verdeutlicht, in welcher Relation eine Rente, der alternativ 45 bzw. 40 Entgeltpunkte zugrunde liegen, zum durchschnittlichen Arbeitsentgelt steht, wenn

(a) das Eckrentenniveau von 70 auf 64 oder 60% reduziert würde und

(b) bei einem abschlagfreien Rentenbezug ab dem 65. Lebensjahr auch der Rentenbeginn mit dem 60. Lebensjahr gewählt würde.

Übersicht 1

Renten in Relation zum durchschnittlichen Nettoarbeitsentgelt bei unterschiedlichem Eckrentenniveau und Alter bei Rentenbeginn						
Rentenbezug ab	Eckrentenniveau in %					
	70		64		60	
	45 EP	40 EP	45 EP	40 EP	45 EP	40 EP
65	70,0	62,2	64,0	56,9	60,0	53,3
60	57,4	51,0	52,5	46,6	49,2	43,7

EP = Entgeltpunkte

Rentenminderung bei Rentenbeginn vor Alter 65 3,6% p.a.

Darüber hinaus ist zu berücksichtigen, daß das Niveau der Sozialhilfe[24] bei rund 40% des durchschnittlichen Nettoarbeitsentgelts liegt. Daraus folgt, daß beim gegenwärtigen Leistungsniveau in der Rentenversicherung ein Versicherter rund 26 Entgeltpunkte benötigt, damit seine Rente den Betrag erreicht, den jemand an Sozialhilfe erhalten würde, sofern er über kein Einkommen verfügt. Anders ausgedrückt: Ein Durchschnitts-

[23] Im Unterschied zu Maßnahmen, die differenziert, je nach individuellen Versicherungsbedingungen, wirksam werden.

[24] Unter Berücksichtigung von Regelsatz, Einmalzahlungen und Mietzuschuß.

verdiener benötigt dafür 26 Versicherungsjahre; ein Versicherter, der nur zwei Drittel des Durchschnittsentgelts in seinem Versichertenleben bezogen hatte (das sind derzeit rund 2800 DM pro Monat), benötigt beim gegenwärtigen Leistungsniveau in der Rentenversicherung 40 Versicherungsjahre. Eine generelle Rentenniveausenkung erhöht folglich die Zahl der Entgeltpunkte, die erforderlich ist, damit durch Beitragszahlung eine Rente erreicht wird, die den Sozialhilfeanspruch übersteigt (vgl. Schmähl 1996).

Für die Akzeptanz des Rentenversicherungssystems ist es aus meiner Sicht unumgänglich, daß für Versicherte, die etwa durchschnittlich verdienten und lange Zeit „in die Rentenversicherung eingezahlt haben", eine Rente erreichbar ist, die deutlich über dem Sozialhilfeniveau liegt.[25] D.h. zugleich: Der Spielraum für ein generelles Reduzieren des derzeitigen Rentenniveaus durch Änderung z.B. der Rentenanpassungsformel ist sehr gering. Insofern halte ich auch die Vorschläge des Sachverständigenrats (1996, Ziff. 401) für eine beitragsfinanzierte Grundsicherung bei gleichzeitiger Stärkung der Beitragsäquivalenz für unrealistisch: Einerseits wird gesagt, daß „Renten, die nur der Grundabsicherung dienen, ... im Verhältnis zu den jeweiligen Arbeitseinkommen niedriger sein (können), als sie es heute sind." Zugleich wird andererseits gefordert: „Es muß gewährleistet sein, daß auch in unteren Einkommensgruppen bei einem normalen Arbeitsleben eine Rente erreicht werden kann, die über dem durch Sozialhilfe definierten Existenzminimum liegt." Wenn aber heute derjenige Versicherte, der zwei Drittel des Durchschnittsentgelts bezieht, bereits 40 Versicherungsjahre benötigt, um gerade das durch Sozialhilfe definierte Existenzminimum zu erreichen, wo ist da der Spielraum

[25] Dies ist unabhängig von der Frage, ob jemand bei niedrigerer Rente tatsächlich Sozialhilfe beziehen würde (da insbesondere eigenes anderes Einkommen und der Haushaltszusammenhang zu berücksichtigen sind).

für die geforderte Senkung des Rentenniveaus (selbst wenn man die relative Höhe des gegenwärtigen Sozialhilfeniveaus nicht als unveränderlich unterstellt)?

Vorschläge zur Änderung der Rentenformel werden vor allem mit Blick auf die demographische Entwicklung - z.T. auch die Arbeitsmarktlage - gemacht und unterscheiden sich insbesondere in der Definition der in die Rentenformel einzubeziehenden demographischen und Arbeitsmarkt-Faktoren.[26] Alle diese Ergänzungen führen zu einer Abkehr von der erst 1992 eingeführten Nettoanpassungsformel.

Im Zusammenhang mit „demographischen" Faktoren wurde diskutiert über (a) einen Indikator zur Kennzeichnung der Altersstruktur der Bevölkerung (der von Fertilität, Mortalität und Wanderungen beeinflußt wird) oder (b) einen Indikator der Lebenserwartung. Die Lebenserwartung ist in die neue lettische Rentenformel (nach schwedischem Vorbild) eingegangen, allerdings nur für *künftige* neue Renten. Die Berücksichtigung der Lebenserwartung ist einleuchtend: Wenn die Lebenserwartung und damit cet. par. die Rentenlaufzeit steigt, wird die Rentenzahlung in den einzelnen Perioden reduziert, damit trotz unterschiedlicher Rentenbezugsdauer Versicherte mit identischer Versichertenbiographie gleich behandelt werden.[27]

---

[26] Darüber hinaus gibt es Vorstellungen, insbesondere mit Blick auf die Arbeitsmarktlage aus einer Rentenformel sich ergebende Anpassungssätze diskretionär mit Abschlägen zu versehen.

[27] Vgl. dazu die Darstellung bei Schmähl (1995a; S. 639f). Bei steigender Lebenserwartung Älterer würde also das Rentenniveau der nachwachsenden Kohorten beim Rentenzugang generell reduziert, so daß - über die Rentenlaufzeit gesehen - bei gleicher Versichertenbiographie die Angehörigen „langlebigerer" Kohorten nicht besser oder schlechter gestellt werden als ihre Vorgängerkohorten. Rürup (1996) hatte dies für die deutsche Rentenversicherung aufgegriffen und gleichfalls allein auf den Rentenzugang bezogen.

Gegen eine ausschließlich für Zugangsrentner wirksam werdende Änderung der Rentenformel wurde in der politischen Diskussion eingewandt, daß der „Rentenbestand“ verschont werde (wie dies bereits bei den einschränkenden Maßnahmen des Jahres 1996 der Fall war) und damit der ausgaben- und beitragsbremsende Effekt zu gering wäre.

In der Regierungskoalition erfolgte rasch eine Vorentscheidung zugunsten der Einführung einer „demographischen Komponente“ in die Rentenformel. Je nach Ausgestaltung sind damit aber höchst unterschiedliche Wirkungen z.B. für ein Senken des Eckrentenniveaus verbunden, so daß es einer politischen Entscheidung bedarf, welches Niveau noch als vertretbar angesehen wird.

Damit das Eckrentenniveau nicht zu stark absinkt, wurde im Mehrheitsvotum der „Renten-Kommission“ (1997) der Vorschlag unterbreitet, einen Faktor in die bestehende Netto-Anpassungsformel zusätzlich einzuführen, der „die längere Rentenbezugsdauer als Folge des Anstiegs der Lebenserwartung berücksichtigen und die daraus entstehenden Belastungen zu gleichen Teilen auf Beitragszahler und Rentner verteilen (soll). Maßgeblich ist - ohne Differenzierung nach dem Geschlecht - die Veränderung der durchschnittlichen Lebenserwartung der 65-jährigen seit der Rentenreform 1992.“

Der Mehrheits-Vorschlag der Kommission führt bei seiner spezifischen Ausgestaltung zu einem Sinken des Eckrentenniveaus auf 64% etwa im Jahre 2030, wenn die Annahmen über die Veränderung der Lebenserwartung (wie auch sonstige Annahmen), die den Berechnungen zugrunde liegen[28], eintreten. Ein stärkerer Anstieg der Lebenserwartung würde dazu führen, daß der Wert von 64 Prozent früher erreicht wird. Eine volle

[28] So ist unterstellt, daß die Lebenserwartung 65jähriger (Männer und Frauen) von 1996 bis 2030 von 16,9 auf 19,0 Jahre steigt.

Berücksichtigung des Lebenserwartungs-Effektes hätte das Niveau auf 61% gesenkt.

Die Rentenformel wird unter Berücksichtigung dieses Faktors allerdings noch komplexer und schwerer verständlich. Der Anpassungssatz nach der 1992 eingeführten Nettoanpassungsformel ergibt sich aus der Veränderung des „aktuellen Rentenwertes" (ARW), die abhängig ist von der Veränderung

- des durchschnittlichen Bruttoarbeitsentgelts und
- der hierauf entfallenden direkten Abgabenbelastung (Arbeitnehmerbeiträge zu den einzelnen Zweigen der Sozialversicherung und Lohnsteuer), insgesamt also der Entwicklung des durchschnittlichen Nettoarbeitsentgelts.

Da jedoch auch Rentner von direkten Abgaben betroffen werden, derzeit vor allem von Beiträgen zur Kranken- und Pflegeversicherung, wird der damit verbundene Effekt über einen Korrekturfaktor herauszurechnen versucht, damit Rentner nicht doppelt belastet werden. (Ähnliches ist übrigens erforderlich im Falle einer spürbaren Veränderung der Besteuerung der Sozialversicherungsrenten.)

Zusätzlich - so der Kommissions-Vorschlag, der von der Bundesregierung in ihrem Gesetzentwurf übernommen wurde - soll die Veränderung der Lebenserwartung im Alter von 65 Jahren berücksichtigt werden, allerdings mit einem beträchtlichen time-lag, indem die Lebenserwartung im Jahr t-8 mit der des Jahres t-9 verglichen wird. Zudem soll dieser Effekt nur zur Hälfte anpassungswirksam werden. Es ist offensichtlich, daß diese Parameter und die Aufteilung des Effektes so gewählt wurden, um einen bestimmten Wert des Eckrentenniveaus nicht zu unterschreiten.

Die 1996 und Anfang 1997 geführte Diskussion über die Reformmaßnahmen blieb meist nur auf Eckrentenniveau und Beitragssatz beschränkt. Zudem mangelte es an einem integrierenden Vorgehen, da

(1) häufig allein Einzelmaßnahmen in ihren entsprechenden Wirkungen auf Eckrente und Beitragssatz dargestellt und beurteilt wurden,
(2) die Auswirkungen verschiedener Maßnahmen auf unterschiedliche Gruppen von Versicherten (also die personellen Verteilungwirkungen) bisher weitgehend unbeachtet blieben und
(3) Vorschläge aus zum einen finanzpolitischer Sicht und zum anderen sozialpolitischer Perspektive weitgehend unkoordiniert vorgetragen wurden. Besonders deutlich wurde dies an den im Januar 1997 vorgelegten Vorschlägen der von der Bundesregierung jeweils eingesetzten „Steuerreform-Kommission" und der „Renten-Kommission". Nicht nur die Höhe und Aufbringung der aus öffentlichen Haushalten an die Rentenversicherung fließenden Mittel gehört dazu, sondern auch Art und Ausmaß der Besteuerung von Alterseinkünften, was u.a. das individuelle Absicherungsniveau berührt.[29]

Wenn es um eine Minderung des Beitragsanstiegs geht, so ist insbesondere die Phase nach 2010/15 von besonderer Brisanz, da dort cet. par. die stärksten Steigerungen zu erwarten sind. Statt nun von der erst 1992 eingeführten Nettoformel und der dort zugrundeliegenden verteilungspolitischen Zielvorstellung abzuweichen, könnte aus meiner Sicht auch ein *anderer Weg* gewählt werden: An der Nettoanpassungsformel wird festgehalten. Die übrigen von der Renten-Kommission vorgeschlagenen Maßnahmen führen zu einer Minderung des Beitragssatzanstiegs von 1,1 bis 1,4 Punkten, so daß - unter den gemachten Annahmen - der Beitragssatz bis 2010 deutlich unter 21% bleiben könnte. Danach könnte bei weiter steigender *Lebenserwartung* das Referenz-

[29] Zur Besteuerung von Alterseinkünften, zu den Vorschlägen und unterschiedlichen Konzeptionen, siehe u.a. Steuerreform-Kommission (1997), Sozialbeirat (1997), Andel (1997); vgl. auch - mit Überblick über die seit langem geführte Diskussion - Schmähl (1988, S. 144-184).

alter für den Bezug einer abschlagfreien Altersrente an die Entwicklung der Lebenserwartung gekoppelt werden. D.h. steigende Lebenserwartung führt - mit entsprechender zeitlicher Vorankündigung - zu einer Anhebung des Referenzalters, ohne daß jedoch die Rentenniveaudefinition (Eckrente = 70% des Nettoarbeitsentgelts) geändert wird.

Den Versicherten würde damit frühzeitig signalisiert, daß sie vor einer *Wahlentscheidung zwischen individuell erreichbarem Rentenniveau und Rentenlaufzeit* (also Zeitpunkt der Inanspruchnahme der Altersrente) stehen.[30] Der Eckrentner würde dann beispielsweise 70% des durchschnittlichen Nettoarbeitsentgelts nicht mehr bei Rentenbeginn ab 65, sondern stufenweise etwas später erhalten. Wer vorher ausscheidet, hat Abschläge hinzunehmen.[31] Durch zusätzliche individuelle Vorsorgemaßnahmen, aber auch durch betriebliche Lösungen (Gehaltsumwandlung, Betriebsrenten, Zeitkonten) kann entweder Einkommen bereitgestellt werden, durch das der Zeitpunkt der Inanspruchnahme der Rente hinausgeschoben oder ein Abschlag von der Rente vermindert oder kompensiert wird. Um die Abschläge bei vorzeitigem Ausscheiden nicht zu hoch werden zu lassen, könnte die Altersgrenze für die frühestmögliche Inanspruchnahme einer Altersrente gleichfalls hinausgeschoben werden. Die Bundesregierung sieht übrigens in ihrem im Juni 1997 vorgelegten Gesetzentwurf vor, daß der frühestmögliche Bezug ei-

---

[30] Da aus gegenwärtiger Sicht im Zeitraum 2010/2015 insbesondere aufgrund demographischer Veränderungen mit einer deutlich veränderten Arbeitsmarktlage gerechnet wird, würde eine solche Maßnahme für viele Versicherte auch eine reale Option darstellen.

[31] Eine Mehrheit des US-amerikanischen „Advisory Council" (1997) befürwortet eine im Vergleich zur bereits beschlossenen Regelung schnellere Anhebung des Referenzalters auf 67 Jahre im Jahre 2011 und danach eine allmähliche weitere Anhebung im Zuge steigender Lebenserwartung.

ner Altersrente ab dem 62. (und nicht dem 60.) Lebensjahr möglich sein soll.

Gegenwärtig - angesichts der hohen Arbeitslosigkeit - erscheint es allerdings wieder einmal (wie schon in den achtziger Jahren) politisch schwer vermittelbar, daß längerfristig eine Ausdehnung der Erwerbsphase - insbesondere bei weiter steigender Lebenserwartung und damit verbundener längerer Rentenlaufzeit - auch im Interesse der Finanzierbarkeit des Alterssicherungssystems erforderlich ist, was zudem durchaus mit dem Versicherungsgedanken vereinbar ist.

Wenn allerdings von der 1992 eingeführten Nettoformel jetzt wieder abgegangen werden soll (die Einführung demographischer oder zusätzlicher arbeitsmarktbezogener Komponenten - wie von Arbeitgeberverbänden gefordert - führt ja dazu), dann sollte m.E. auch eine *grundlegende Vereinfachung der Rentenformel* in Erwägung gezogen werden. Dabei sollte die Veränderung des aktuellen Rentenwerts ausschließlich abhängen von der Veränderung des durchschnittlichen Bruttoarbeitsentgelts und den Beiträgen zur Rentenversicherung („beitragsbereinigte Rentenanpassung“).[32]

Wie erwähnt, wird in der gegenwärtigen Formel bereits der Effekt der Veränderung von Beiträgen zur Kranken- und Pflegeversicherung, der sich im durchschnittlichen Nettoarbeitsentgelt niederschlägt, durch einen Korrekturfaktor kompensiert.[33]

Der entscheidende und für die Zukunft quantitativ möglicherweise wichtigste Unterschied liegt darin, daß nicht mehr - wie in der Nettoformel - die durchschnittli-

---

[32] Ein solches Konzept wurde in den achtziger Jahren bereits als Alternative zur Nettoanpassung - in Kombination mit einer veränderten Rentenbesteuerung - diskutiert (vgl. ausführlich hierzu Schmähl 1983).

[33] Übrigens ist die Wirkung dieses Faktors bezogen auf die Krankenversicherung künftig wenig plausibel, da für die Rentner je nach Kasse unterschiedliche Beitragssätze anfallen, in der Anpassungsformel jedoch die Korrektur mit einem Durchschnittswert erfolgt.

che Lohnsteuerbelastung berücksichtigt wird. Für die nächsten Jahre ist im Zuge der geplanten Steuerreform mit einer Senkung der Lohnsteuerbelastung und damit in der Nettoformel mit höheren Rentenanpassungen und erhöhtem Beitragsbedarf zu rechnen. Dies dürfte eine neue Diskussion über die Änderung der Rentenformel auslösen oder zu diskretionären Eingriffen führen. Auch für die Zukunft dürfte eher eine Verlagerung zu indirekten Steuern erfolgen, so daß die Steuerkomponente in der Anpassungsformel nicht zu Einsparungen (durch verminderte Anpassungssätze wegen schwächeren Anstiegs der Nettoentgelte) führt.[34] Auch der Beitragssatz zur Bundesanstalt für Arbeit dürfte längerfristig sinken, was cet. par. zu höheren Anpassungssätzen führen würde und nach der beitragsbereinigten Anpassungsformel nicht mehr für die Rentenversicherung finanzwirksam würde. Der Übergang zur beitragsbereinigten Anpassung würde also die Finanzlage der Rentenversicherung nicht verschlechtern. Vielmehr würde die Anpassungsformel nur noch solche Elemente enthalten, die direkt mit der Rentenversicherung in Beziehung stehen und insofern die Rentenversicherung von steuerpolitischen Entscheidungen abkoppeln. Für die Versicherten würde die Formel leicht verständlich, was bei den im politischen Raum diskutierten Ergänzungen um weitere Faktoren nicht ohne weiteres behauptet werden kann.

Und wenn es als politisch unumgänglich angesehen wird, daß noch weitere Maßnahmen auch den Rentenbestand treffen, dann könnte man an eine Ablösung der jetzt von der Rentenversicherung an Kranken- und Pflegeversicherung künftig gezahlten Beiträge denken, so daß sie - nach entlastungsneutraler Umstellung - künftig voll von den Rentnern zu finanzieren wären. Beitragssteigerungen zur Kranken- und Pflegeversicherung

---

[34] Dieser potentielle Einspareffekt wird gegen den Vorschlag einer beitragsbereinigten Anpassungsformel oft vorgetragen.

würden dann aber die Ausgaben der Rentenversicherung nicht mehr erhöhen.

5. *Schlußbemerkungen*

Neben den oben erwähnten Ansatzpunkten für Reformmaßnahmen gibt es weitere, von denen neben Invaliditätsrenten hier nur *Hinterbliebenenrenten* genannt seien.[35] Bereits aufgrund der schon existierenden Anrechnung eigenen Arbeitsentgelts und eigener Altersrenten auf den Betrag der Hinterbliebenenrenten wird sich das Ausgabenwachstum bei steigender Erwerbsbeteiligung von Frauen mindern. Das Anrechnungsmodell könnte zudem u.a. in familienorientierter Weise verändert werden (Schmähl 1995b; Horstmann 1996). Die Bundesregierung hat bereits angekündigt, in einer weiteren Stufe der Rentenreform Hinterbliebenenrenten zum Thema zu machen. Dies, aber auch die Gefahr, daß Alterssicherung zum Wahlkampfthema im Zusammenhang mit der Bundestagswahl von 1998 wird, läßt die „Voraussage" nicht kühn erscheinen, daß uns das Thema „Alterssicherung" auch weiterhin intensiv beschäftigen wird.

---

[35] So wird hier auf den Vorschlag einer „Teilkapitaldeckung" in der Rentenversicherung durch „Untertunnelung des Rentenberges" - indem der Beitragssatz zunächst höher als zur Finanzierung der laufenden Ausgaben festgesetzt und eine Vermögensreserve angesammelt wird - ebensowenig eingegangen wie auf weitere mit Kapitaldeckung verbundene Fragen. Bei der Beurteilung solcher Vorschläge sollten m.E. (a) Erfahrungen der Vergangenheit (mit Verwendung von Einnahmeüberschüssen in öffentlichen Kassen - „Kasse macht sinnlich", mit Wirkungen von inflationären Prozessen) beachtet werden und (b) Zukunftserwartungen nicht weitgehend aus unmittelbaren Erfahrungen der letzten Jahre abgeleitet werden (z.B. was die „Abwesenheit" von Preisniveausteigerungen betrifft). Auch im Zusammenhang mit Beamtenpensionen gibt es Vorschläge bzw. Ansätze zur Ansammlung eines Vermögensbestandes, der später zur Finanzierung von Pensionen herangezogen werden soll.

Insgesamt existieren jedoch hinreichend Möglichkeiten zur Anpassung der Rentenversicherung an die sich ändernden Bedingungen. Voraussetzung ist die politische Bereitschaft zu Entscheidungen über systemadäquate, transparenz- und akzeptanzfördernde Maßnahmen, die ein Gesamtkonzept erkennen lassen. Aus meiner Sicht ist eine am Vorsorgegedanken orientierte Weiterführung von Reformmaßnahmen prinzipiell geeignet, dem tiefgreifenden Vertrauensverlust zu begegnen, der insbesondere durch den Umgang mit diesem sensiblen Thema in der öffentlichen Diskussion eingetreten ist.

Forschungsaktivitäten sollten sich verstärkt den empirisch noch unzulänglich durchleuchteten Auswirkungen der verschiedenen Maßnahmen - isoliert und in Kombination miteinander - zuwenden, damit nicht allein der Finanzbedarf und das oft in seiner Aussagekraft weit überschätzte Eckrentenniveau bei der Entscheidungsfindung beachtet werden, sondern z.B. auch personelle Verteilungswirkungen, Auswirkungen für unterschiedliche Kohorten, da diese von verschiedenen Maßnahmen in unterschiedlichen Lebensphasen unterschiedlich stark und unterschiedlich lange betroffen werden.

Bei einer solchen längsschnitt- und lebenszyklisch orientierten Betrachtungsweise wird auch deutlich, daß die Argumentation „Senkung des Rentenniveaus, damit die Beiträge niedriger sind" für jetzt Jüngere nicht nur Konsequenzen für sie als Beitragszahler hat, sondern später auch als Rentner. Der Verweis auf die private Vorsorge stellt übrigens auch eine Einkommensbelastung in der Erwerbsphase dar, zudem ohne Erwerb von Ansprüchen in Zeiten längerdauernder Erkrankung und bei Arbeitslosigkeit.

Im politischen Prozeß sollten Versuche unternommen werden, das isolierte Nebeneinander der Entscheidungsvorbereitung in verschiedenen Politikfeldern zu überwinden. Will man Altersvorsorge stärken - was ein erklärtes politisches Ziel ist -, dann sollten die Bedingungen für spezifisch der Alterssicherung dienende Aktivitäten nicht gerade verschlechtert werden. Und wenn man für die gesetzliche Rentenversicherung eine vorsorgeorientierte Entwicklungsstrategie realisieren will, dann darf man aber das generelle Leistungsniveau nicht so senken, daß - auch unter Berücksichtigung von Veränderungen im Erwerbsleben - schließlich ein Großteil der Versicherten trotz jahrzehntelanger Beitragspflicht kaum eine Rente erhält, die das Sozialhilfeniveau überschreitet. Dies würde die Legitimierung des Systems unterminieren und den Weg in eine Staatsbürgerversorgung ebnen und ggf. zu weiteren obligatorischen Alterssicherungssystemen führen, wie dies ja in Ländern mit einer (einheitlich hohen oder bedürftigkeitsgeprüften) Mindestsicherung anzutreffen ist. Alle am politischen Entscheidungsprozeß Beteiligten sollten sich folglich der langfristigen Konsequenzen von Entscheidungen bewußt sein und den Versuch unternehmen, zu einem Konsens auf möglichst breiter Basis beizutragen. Dies erhöht zumindest die Chance für hohe Kontinuität in der Alterssicherungspolitik, was nicht zuletzt auch für Langfristentscheidungen privater Akteure von großer Bedeutung wäre.

Literatur

Advisory Council, 1997: Report of the 1994-1996 Advisory Council on Social Security, Volume I: Findings and Recommendations. Washington, D. C.

Andel, Norbert, 1997: „Die Reform der Rentenbesteuerung ist schon lange überfällig", Wirtschaftsdienst, S. 21-28.

Horstmann, Sabine, 1996: Kindererziehung und Alterssicherung. Grafschaft: Vektor.

Kaufmann, Franz-Xaver, 1996: Modernisierungsschübe, Familie und Sozialstaat. München: Oldenbourg.

Mitchell, Olivia S.; Zeldes, Stephen P., 1996: Social Security Privatization: A Structure for Analysis, in: American Economic Review, Papers and Proceedings, S. 363-367.

Renten-Kommission, 1997: Vorschläge der Kommission „Fortentwicklung der Rentenversicherung“, Bonn 27. Januar 1997, hektographiert.

Rürup, Bert; (unter Mitarbeit von Ingo Schroeter), 1996: „Perspektiven der gesetzlichen Rentenversicherung“, Gutachten im Auftrag des Bundesministeriums für Arbeit und Sozialordnung, Darmstadt, hektographiert.

Sachverständigenrat für die Begutachtung der gesamtwirtschaftlichen Entwicklung, 1996: Jahresgutachten 1996/97. Bundesrats-Drucksache 873/96 (18.11.1996).

Schmähl, Winfried, 1974: Systemänderung in der Altersvorsorge, (SPES Bd. 3), Opladen.

Schmähl, Winfried, 1975: Das Rentenniveau in der Bundesrepublik. Frankfurt a.M./New York: Campus.

Schmähl, Winfried, 1983: „Elemente einer künftigen Rentenreform: Veränderung der Anpassung und der Besteuerung von Renten“, in: Bundesminister für Arbeit und Sozialordnung (Hrsg.): Sozialbeirat, Langfristige Probleme der Alterssicherung in der Bundesrepublik Deutschland, Bd. 3, Einzelgutachten, Bonn, S. 83-357.

Schmähl, Winfried, 1988: Beiträge zur Reform der Rentenversicherung, Tübingen: Mohr.

Schmähl, Winfried, 1990: „Reformen der Rentenversicherung: Gründe, Strategien und Wirkungen - Das Beispiel der ‘Rentenreform 1992’“, in: Bernhard Gahlen u.a. (Hrsg.): Theorie und Politik der Sozialversicherung. Tübingen: Mohr, S. 203-255.

Schmähl, Winfried, 1991: „On the future development of retirement in Europe especially of supplementary pension schemes“, in: Ders (Hrsg.): The Future of Basic and Supplementary Pension Schemes in Europe. Baden-Baden: Nomos, S. 31-70.

Schmähl, Winfried, 1993a: „Proposals for flat-rate public pensions in the German debate“, in: Jos Berghman, Bea Cantillon (Hrsg.), The European Face of Social Security, Aldershot u.a.O. (Avebury).

Schmähl, Winfried, 1993b: „Beitragsfinanzierte Mindestsicherung im Alter“, (zuerst 1990), in: Ders. (Hrsg.), Mindestsicherung im Alter, Frankfurt/Main und New York: Campus, S. 334-360.

Schmähl, Winfried, 1993c: „Übergang zu Staatsbürger-Grundrenten“, (zuerst 1988), in: Ders. (Hrsg.), Mindestsicherung im Alter, Frankfurt/Main und New York: Campus, S. 265-333.

Schmähl, Winfried, 1995a: „Alterung der Bevölkerung, Mortalität, Morbidität, Zuwanderung und ihre Bedeutung für die Gesetzliche Rentenversicherung“, Zeitschrift für die gesamte Versicherungswissenschaft 84, S. 617-646.

Schmähl, Winfried, 1995b: „Familienorientierte Weiterentwicklung der staatlichen Alterssicherung in Deutschland“, in: Gerhard Kleinhenz (Hrsg.): Soziale Ausgestaltung der Marktwirtschaft. Berlin: Duncker & Humblot, S. 225-245.

Schmähl, Winfried, 1996: „Fragwürdige Schrumpfkur - Ein weiteres Absenken des Rentenniveaus würde viele Ruheständler in die Nähe der Sozialhilfe bringen“, Die Zeit 52, 20.12.1996.

Schmähl, Winfried, 1997a: „Änderung der Finanzierungsstruktur der sozialen Sicherung und insbesondere der Sozialversicherung als wichtiges Element eines ‘Umbaus’ des deutschen Sozialstaats“, in: Richard Hauser (Hrsg.): Reform des Sozialstaats I, Arbeitsmarkt, soziale Sicherung und soziale Dienstleistungen. Berlin: Duncker & Humblot, S. 121-167.

Schmähl, Winfried, 1997b: „Alterssicherung zwischen Vorsorge und Versorgung: Konzeptionen, Entwicklungstendenzen und eine Entwicklungsstrategie für die deutsche Alterssicherung“, in: Stefan Hradil (Hrsg.): Verhandlungen des Deutschen Soziologentages 1996 (im Druck). Arbeitspapier Nr. 5/97 des Zentrums für Sozialpolitik, Universität Bremen.

Schmähl, Winfried, 1997c: „Alterssicherung - Quo vadis?“, Arbeitspapier Nr. 7/97 des Zentrums für Sozialpolitik, Universität Bremen.

Sozialbeirat, 1997: Stellungnahme zu Eckpunkten für die Weiterentwicklung der gesetzlichen Rentenversicherung (vom 7. 2. 1997), hektographiert.

Steuerreform-Kommission, 1997: Reform der Einkommensbesteuerung. Vorschläge der Steuerreform-Kommission vom 22. Januar 1997, hektographiert.

Turner, John A., 1996: Risk Bearing in Pension Plans, in: Emmanuel Reyned et al. (Hrsg.), International Perspectives on Supplementary Pensions, Westport, London.

World Bank, 1994: Averting the Old-Age Crisis, Washington, D. C.

Ulrich Orlowski

Perspektiven der sozialen Krankenversicherung auf der Grundlage der Neuordnungsgesetze

1. Einleitung

Die Reform der sozialen Sicherungssysteme und damit auch die Reform der sozialen Krankenversicherung ist in den letzten zwei Jahrzehnten in fast allen westeuropäischen Staaten Thema der fachlichen Diskussion bzw. Gegenstand politischen Handelns. So haben - um nur einige der gängigen Beispiele kurz zu benennen - Holland, Dänemark oder auch Schweden ihr jeweiliges Gesundheitsversorgungssystem teilweise tiefgreifenden Reformen unterworfen. Der aktuelle Reformprozeß in Frankreich war gerade in den vergangenen Wochen und Monaten immer wieder Gegenstand der Berichterstattung der Medien.

Auch wir blicken im übrigen bereits jetzt in unserem Land mit dem Gesundheitsreformgesetz (GRG) aus dem Jahr 1988 und dem Gesundheitsstrukturgesetz (GSG) aus dem Jahr 1992 auf einen langandauernden Reformprozeß zurück und sind gerade dabei, diesen Prozeß mit der 3. Reformstufe im Gesundheitswesen fortzuführen.

2. Reformziele

Gemeinsame Ziele dieser Reformbemühungen in allen Ländern dürften sein,

- die stets, d.h. quasi natürlich expandierende Ausgabenentwicklung zu begrenzen,

- die finanziellen Grundlagen und damit die finanzielle Stabilität der sozialen Krankenversicherung zu gewährleisten, sowie
- natürlich und insbesondere, eine angemessene gesundheitliche Versorgung auf möglichst hohem Niveau für die breite Bevölkerung sicherzustellen.

Wobei die eingeschlagenen Wege zur Erreichung dieser Ziele höchst unterschiedlich sind und sich aus den jeweils gewachsenen Strukturen der einzelnen Länder ergeben.

Wichtig ist mir für die deutsche Reformdiskussion auch das Ziel, durch die Reformgesetzgebung die expansiven Kräfte des Dienstleistungssektors „Gesundheitsversorgung“ im weitesten Sinne gerade nicht zu strangulieren.

3. Kontext

Diese System- bzw. Reformziele sind eingebettet in die uns ja allen hinreichend bekannte Standortdiskussion.

D.h diese Reformziele sind kein Selbstzweck, sondern erhalten ihre Schärfe aus dem „Wettbewerb der Standorte“ vor dem Hintergrund einer zunehmend und weltweit vernetzten Wirtschaft. Das Stichwort der „Globalisierung“ ist dasjenige, mit dem dieser rasante Prozeß derzeit beschrieben, wenn auch mit Sicherheit nicht annähernd ausreichend erklärt wird.

4. Arbeitsmarkt und Wachstum

Einige Daten machen jedoch vielleicht deutlich, worum es bei diesem Prozeß geht:
- Derzeit, d.h. im April 1997, sind in Deutschland knapp 4,35 Millionen Menschen als arbeitslos registriert (West: 3,03 Mio.; Ost: 1,32 Mio.);
- das entspricht einer Arbeitslosenquote (Anteil an abhängigen zivilen Erwerbspersonen) von 11,3% (alte Länder: 9,8%; neue Länder: 17,5%);

- die Zahl der abhängig Beschäftigten hat zudem erstmals im Verhältnis der Jahre 94/95 um rd. 200.000 Personen abgenommen (d.h. 25,6 zu 25,4 Mio. abhängig Beschäftigter); und dieser Trend setzt sich - leider - fort: die Zahl der Erwerbstätigen hat sich im Februar 97 um 70.000 verringert;
- wobei der Anteil der Beschäftigten im produzierenden Gewerbe tendenziell seit Jahren abnimmt (von 55,2% in 1970 auf 37,3% in 1995) und der Anteil der im gesamten Dienstleistungssektor Beschäftigten seit Jahren tendenziell zunimmt (43,5% in 1970; 61,4% 1995);
- die Wachstumsraten unserer Wirtschaft sind - nach wie vor - eher moderat (1997: lt. Jahreswirtschaftsbericht real 2,5%); wobei wir zur Kenntnis nehmen müssen, daß Wachstum allein die Probleme des Arbeitsmarktes nicht lösen kann. Wir haben es vielmehr mit dem Phänomen zu tun, daß trotz Wachstum die Zahl der Arbeitslosen auf einem hohen Sokkel stagniert bzw. sogar weiter wächst.

5. *Lohnnebenkosten*

Wenn man nun nach den Ursachen dieses Prozesses fragen würde, so müßte die Antwort sicherlich sehr vielschichtig sein.

Allerdings ist wohl unstreitig - neben einer Vielzahl anderer gewichtiger Faktoren - auch das Stichwort der Lohnneben- bzw. Lohnzusatzkosten von Relevanz.

Und um dieses Thema geht es natürlich auch bei der Reform der sozialen Sicherungssysteme und damit auch der Krankenversicherung.

- So sind die Lohnstückkosten auf DM-Basis (also Lohnstückkosten unter Berücksichtigung der Wechselkurseffekte) in Deutschland im Vergleich 1980 zu 1994 um 41,9% gestiegen; demgegenüber in Großbritannien nur um 0,1% bzw. den USA nur um 30,7%; nur in Japan liegen diese Werte mit einer

Steigerungsrate von 100,8% noch höher als in Deutschland;

- und bei den Arbeitskosten in der verarbeitenden Industrie liegt Deutschland im internationalen Vergleich weit vorn (1994: 44 DM je Stunde und damit auch vor Schweiz, Dänemark, Niederlande usw.);
- so betrug der Gesamtsozialversicherungsbeitrag im Jahr 1980 32,4% und beträgt für die alten Länder ab 1.1.1997 41,9%;
- der uns hier insbesondere interessierende Beitrag zur sozialen Krankenversicherung betrug im Jahr 1980 durchschnittlich 11,4% und beträgt nun in den alten Bundesländern 13,4% (1.1.1997); plus 1,7 Beitragssatzpunkte für die neu eingeführte Pflegeversicherung;
- und mit diesem - paritätisch finanzierten - Beitrag wird derzeit (1.1.1997) ein Finanzvolumen von 269,9 Mrd. DM in Ost und West mit reinen Leistungsausgaben in Höhe von 235,3 Mrd. DM finanziert.

Daraus folgt, daß jede Reform der sozialen Krankenversicherung nicht nur die Frage des Versorgungsniveaus, sondern natürlich auch und vor allem die Frage der Finanzierbarkeit eines gewachsenen Niveaus durch Zwangsbeiträge beantworten muß. Wobei offensichtlich ist, daß das Versorgungsniveau, ausgehend von den Wünschen der Versicherten, nahezu unbegrenzt steigerungsfähig ist.

6. Dritte Reformstufe

Vor diesem globalen Hintergrund werden bei uns seit nunmehr gut zwei Jahren die Beratungen über die Fortsetzung der Reform unserer Krankenversicherung bzw. unseres Gesundheitsversorgungssystems geführt: Der Petersberger Reformdialog des Jahres 1995, das auf dieser Basis ausgearbeitete Gesetzespaket zur 3. Reformstufe, das Scheitern dieses Reformansatzes am Widerstand des Bundesrates im Sommer des Jahres 1996, sowie die im Herbst des Jahres 1996 eingebrachten Entwürfe eines 1. und 2. Neuordnungsgesetzes, - das sind die Stichworte, die die wesentlichen Stationen dieses Reformprozesses kennzeichnen.

Dieser langwierige und streckenweise schwierige Diskussionsprozeß ist nunmehr - zumindest was den Deutschen Bundestag betrifft - im wesentlichen inhaltlich abgeschlossen und wird bis zur Mitte des Jahres 1997 mit dem Inkrafttreten der beiden Neuordnungsgesetze parlamentarisch beendet sein.

7. Stand der Beratungen zum 1. und 2. NOG

Das 1. NOG, das in Zukunft jede Beitragssatzanhebung einer Krankenkasse mit einer automatischen Anhebung der Zuzahlungen genau dieser Kasse verbindet, ist vom Deutschen Bundestag bereits in 2. und 3. Lesung verabschiedet. Der Bundesrat hat am 25. April dieses Jahres [1997] gegen das 1. NOG - wie erwartet - seinen Einspruch eingelegt. Dieser Einspruch kann allerdings vom Bundestag zurückgewiesen werden.

Auch das 2. NOG ist bereits in 2. und 3. Lesung vom Deutschen Bundestag verabschiedet worden und liegt derzeit im Vermittlungsausschuß. Die ersten Beratungen im Vermittlungsausschuß sind für den 15.5. terminiert.

Das Inkrafttreten beider Gesetze wird allerdings vom Bundesrat nicht verhindert werden können, da das 1. und 2. NOG zustimmungsfrei ausgearbeitet worden sind.

8. Handlungsbedarf

Der Grund für diesen Reformprozeß, das heißt der Handlungsbedarf im Versorgungssystem, wird - ausschnittartig - noch einmal besonders durch die Zahlen zur Finanzentwicklung in der Krankenversicherung im Jahr 1996 verdeutlicht:

- Auch im Jahr 96 wurde in der Krankenversicherung wieder ein Defizit erwirtschaftet, und zwar in Höhe von 6,3 Mrd. DM (West: 3,9; Ost: 2,4 Mrd. DM). Dieses „Minus" ist zwar geringer als auf der Grundlage der Ergebnisse der ersten drei Quartale erwartet (8,7 Mrd. DM) und auch geringer als das Defizit des Jahres 95 (7,0; West: 5,1; Ost: 1,8), ein Grund zur Entwarnung besteht gleichwohl nicht.
- Dieser negative Finanzierungssaldo findet seine Erklärung im Kern darin, daß einmal die reinen Leistungsausgaben - wie auch in den Jahren zuvor - stetig gewachsen sind, und zwar im Vergleich zu 95 um insgesamt 3% (West: + 2,6%; Ost: + 4,4%); und zum anderen darin, daß die Grundlohnsumme, also die Einnahmeseite, nach wie vor nur geringfügig zunimmt, und zwar im Vergleich zu 95 nur um 1,4% (West: 1,1%; Ost: 2,1%).
- Ein Grund zur Entwarnung besteht vor allem aber auch deswegen nicht, weil für das Jahr 1997 von einer vergleichbaren bzw. noch schlechteren Entwicklung der Finanzen in der Krankenversicherung auszugehen ist; das heißt allerdings immer nur dann, wenn nichts passiert.

9. Richtungsentscheidung

Man muß daher nahezu zwangsläufig zu dem Schluß kommen, daß für die Krankenversicherung eine Grundsatzentscheidung, daß eine Richtungsentscheidung angesagt und notwendig ist.
Diesem Anspruch werden das 1. und 2. Neuordnungsgesetz gerecht!
Die zentralen Botschaften dieser Gesetze sind:

- Stärkung der Eigenverantwortung der Versicherten und Patienten,

- Stärkung der Eigenverantwortung der Selbstverwaltungspartner im System, d.h. insbesondere der Selbstverwaltungen von Krankenkassen und Ärzteschaft;
- Steigerung der Anreize für mehr Wirtschaftlichkeit im System;
- Beibehaltung der freien Beitragsgestaltung durch die Krankenkassen -, allerdings unter verschärften Bedingungen, sowie
- Erschließung neuer finanzieller Ressourcen zur Finanzierung des anerkannt hohen Leistungsniveaus im Krankenversicherungssystem.

10. Anhebung aller Zuzahlungen um 5 DM bzw. 5%

Durch das 2. NOG werden daher - zur Mitte dieses Jahres [1997] - alle Zuzahlungen in der gesetzlichen Krankenversicherung um 5 DM bzw. 5% angehoben werden.

Damit wird neben dem Steuerungseffekt aber auch ein wichtiger Beitrag zur Finanzierung des im Jahr 96 aufgelaufenen Defizites geleistet.
Diese Maßnahmen bedeuten im einzelnen:
- Arzneimittel: Statt bisher 4, 6, 8 DM zukünftig 9,11, 3 DM;
- Krankenhaus: Statt bisher 12 DM zukünftig 17 DM;
- Heilmittel: Statt bisher 10% zukünftig 15%;
- Fahrtkosten: Statt bisher 20 DM zukünftig 25 DM;
- Zahnersatz: Statt bisher 40% zukünftig 45%.

Dadurch wird insgesamt eine Summe von rd. 4,6 Mrd. DM pro Jahr auf Dauer erschlossen, ein Beitrag, der zur Stabilisierung der finanziellen Entwicklung der Krankenversicherung unverzichtbar ist.

11. Erstes Neuordnungsgesetz

Zentraler Bestandteil des Konzeptes der Neuordnungsgesetze ist allerdings der neue Mechanismus des 1. NOG. Dieser Mechanismus sieht vor, daß in Zukunft, also ca. ab Mitte dieses Jahres, jede Anhebung des Beitragssatzes einer Krankenkasse um jeweils 0,1% Beitragssatzpunkte dazu führt, daß alle bestehenden Zuzahlungen für diese Krankenkasse kraft Gesetzes um jeweils 1 DM bzw. 1 Prozentpunkt angehoben werden:

- d.h. - beispielsweise - bei einer Beitragsanhebung um 0,5% für die Arzneimittelzuzahlung: + 5 DM; die Arzneimittelzuzahlung wird also in diesem Fall von zukünftig 9, 11 bzw. 13 DM auf 14, 16 bzw. 18 DM pro Packung angehoben werden;
- d.h. - beispielsweise - bei einer Beitragsanhebung um 0,8% für den Krankenhausaufenthalt eine Anhebung von zukünftig 17 auf 25 DM pro Tag für die ersten 14 Tage und
- d.h. - beispielsweise - bei einer Anhebung um einen ganzen Prozentpunkt die Erhöhung der prozentualen Zuzahlungen für Heilmittel von zukünftig 15% auf 25%.

Beitragsanhebungen der Krankenkassen werden in Zukunft also deutliche Anhebungen der Zuzahlungen genau dieser, aber eben auch nur dieser einzelnen Krankenkasse zur Folge haben. Das Zuzahlungsniveau der einzelnen Kassen wird sich daher genauso wie das Beitragsniveau sehr unterschiedlich entwickeln.

12. Außerordentliches Kündigungsrecht

Dieser gesetzlichen Anhebung der Zuzahlungen aufgrund des 1. NOG ist der Versicherte allerdings nicht schutzlos ausgesetzt.

Im Gegenteil: Jedes Mitglied bekommt vielmehr in Zukunft ein kurzfristig wirkendes Kündigungsrecht aus Anlaß jeder Beitragsanhebung seiner Kasse. Er kann also der Anhebung von Zuzahlungen durch einen Wechsel seiner Kasse ausweichen, wobei für die anderen wählbaren Kassen in der Region grundsätzlich Kontrahierungszwang besteht. Eine deutliche Zunahme der Fluktuation zwischen den Kassen aufgrund von Beitrags- und Zuzahlungsveränderung ist in Zukunft also zu erwarten.

13. Soziale Verträglichkeit

Diese Verschärfung der Eigenbeteiligung der Patienten ist nicht zuletzt auch sozialverträglich ausgestaltet. Denn die Sozialklauseln, also die Härte- und Überforderungsklausel, sorgen - wie bisher - dafür, daß eine soziale Überforderung von Patienten gerade nicht eintreten wird.

Im Gegenteil: Gerade für chronisch Kranke wird die Sozialklausel noch verbessert.

Zunächst gilt wie bisher: Alle Kinder und Jugendliche unter 18 Jahre sind von Zuzahlungen (mit zwei Ausnahmen: Zahnersatz, Fahrtkosten) befreit. Das heißt: Für gut 12 Mio. Versicherte sind diese Zuzahlungen gar nicht relevant.

Die Härtefallklausel sieht im übrigen vor:

- daß insbesondere alle Empfänger von Hilfe zum Lebensunterhalt nach dem Bundessozialhilfegesetz und alle Empfänger von Arbeitslosenhilfe von allen Zuzahlungen befreit sind;
- daß alle Versicherten mit einem Bruttoeinkommen von derzeit unter 1.708 DM (West) bzw. 1.456 DM (Ost) von allen Zuzahlungen befreit sind. Der Freibetrag wird im übrigen für jeden weiteren Angehörigen des Versicherten um 15% bzw. jeden weiteren Angehörigen um 10% erhöht. Mit dieser Härteklausel sind noch einmal in Ost und West rd. 8 Mio. Versicherte von allen Zuzahlungen befreit;
- und die Überforderungsklausel sieht bereits bisher vor, daß bei allen anderen Versicherten, die nicht

unter die Härtefallklausel fallen, das gesamte von einem Versicherten zu leistende Zuzahlungsvolumen auf höchstens 2% seines Bruttoeinkommens begrenzt ist;

- die Überforderungsklausel in der Fassung des 1. NOG sieht schließlich vor, daß für chronisch Kranke diese Belastungsgrenze auf 1% jährlich herabgesetzt wird. Für alle Versicherten also, die wegen der selben Krankheit in Dauerbehandlung sind und bereits ein Jahr Zuzahlung bis zur normalen Belastungsgrenze erbracht haben, wird im Folgejahr die Belastungsgrenze auf 1% herabgesetzt;
- das jährliche Zuzahlungsvolumen liegt damit auf der Grundlage der bisher geltenden Regelungen bei ca. 9,5 Mrd. DM und damit unter 4% der Leistungsausgaben; es liegt damit künftig bei 14,2 Mrd. DM und damit immer noch unter 6% der Leistungsausgaben. Die Selbstzahlungen aller privaten Haushalte liegen in fast allen vergleichbaren europäischen Staaten höher als in Deutschland.

14. Wirkung des 1. NOG

Das 1. NOG und insbesondere sein Zuzahlungsautomatismus wird daher die folgenden Wirkungen entfalten:

(1) Die Eigenverantwortung der Versicherten und Patienten wird nachhaltig gestärkt. Damit wird auch eine sparsamere und effizientere Leistungsinanspruchnahme durch die Versicherten gefördert.

(2) Der Anreiz für die Kassen, die Wirtschaftlichkeit der Versorgung zu erhöhen, wird nachhaltig gestärkt. Denn die bisher einfache Lösung aller finanziellen Probleme einer Kasse, nämlich die Erhöhung des Beitragssatzes, wird durch die gesetzliche Verknüpfung des Beitrages mit einer deutlichen Anhebung der Zuzahlungen für jede Kasse wenig attraktiv.

Bevor eine Krankenkasse, d.h. die Selbstverwaltungspartner dieser Kasse zum Mittel der Anhebung des

Beitragssatzes greifen, werden und sollen sie alles versuchen, um die Wirtschaftlichkeit der Versorgung zu erhöhen.

Und die Versicherten können aus diesem Anlaß kurzfristig zu einer anderen Kasse mit geringerem Beitragssatz und damit auch geringerem Zuzahlungsvolumen wechseln. Beitragsanhebungen wegen Unwirtschaftlichkeit wird es in Zukunft deutlich weniger geben.

(3) Der Beitragserhöhungsbedarf von Kassen wird durch die Koppelung mit der Anhebung von bestehenden Zuzahlungen deutlich reduziert. Notwendige Beitragserhöhungen werden also nicht wie bisher allein über die Arbeitskosten finanziert, sondern durch ein neues Finanzierungselement ergänzt. So bedeuten - global - 1 DM bzw. 1% bestehender Zuzahlungen Minderausgaben für die GKV z.B.:

- Arzneimittel: 700 Mio. DM
- Krankenhaus: 70 Mio. DM
- Heilmittel: 54 Mio. DM
- Kuren: 8 Mio. DM
- Fahrtkosten: 6 Mio. DM
- Zahnersatz: 100 Mio. DM

insgesamt: 938 Mio. DM

(4) Notwendige Beitragsanhebungen sind und bleiben auch in Zukunft möglich. Eine gesetzliche Fixierung der Beitragssätze findet also gerade nicht statt. Der Gesetzgeber verzichtet gerade darauf zu definieren, welches Finanzvolumen global für die Krankenversicherung notwendig ist und setzt darauf, daß die Selbstverwaltungen der Krankenkassen, also Arbeitnehmer- und Arbeitgebervertreter, wegen der Koppelung die Beiträge nur dann anheben, wenn die Erhöhung unvermeidbar ist, d.h. wenn der Beitragserhöhungsbedarf aus dem System heraus begründet ist.

Beitragserhöhungen mit Zuzahlungsanhebungen zur Finanzierung des medizinischen Fortschrittes wird und muß es also auch in Zukunft geben. Die Verantwortung für die Beitragsgestaltung bleibt damit auch in Zukunft bei den Krankenkassen, wenn auch unter verschärften Bedingungen.

(5) Und damit wird schließlich durch diesen Mechanismus ein sinnvoller Wettbewerb zwischen den Krankenversicherungsträgern gestärkt. Und zwar Wettbewerb um Effizienz der Versorgung, d.h. Wettbewerb um die Höhe des Beitragssatzes und damit auch um die Höhe der Zuzahlungen.

Daß dieses Element bisher unterschätzt worden ist, belegen die jüngsten Zahlen über die Mitgliederfluktuation im AOK-System. So hat beispielsweise die AOK-Berlin bei einem Beitrag von 14,5% Verluste von Pflichtversicherten im Jahr 96 von 13,9%. Die AOK-Brandenburg hat sogar Verluste von 18,8% bei der selben Beitragshöhe. Demgegenüber haben die Angestellten-Ersatzkassen in Ost einen Zuwachs von 8% bei einem Beitragssatz von 13,5%. Wir gehen also davon aus, daß der Beitragssatz der einzelnen Krankenkasse in Zukunft als Indikator einer Krankenkasse erheblich an Bedeutung gewinnen wird.

15. Zweites NOG

Dem 2. NOG kommt in diesem Kontext die Funktion zu, den gesetzlichen Rahmen für das Handeln der Selbstverwaltungspartner, d.h. vor allem von Kassen und Vertragsärzteschaft, zu verbessern. Wobei durchgängig die Linie verfolgt wird, den Selbstverwaltungspartnern Optionen an die Hand zu geben. Es werden also in vielen Bereichen Möglichkeiten für die Vertragspartner geschaffen, die man wahrnehmen kann, aber nicht wahrnehmen muß.

Generalziel ist es also auch hier, die Selbstverwaltung im Wettbewerb zu stärken, indem Chancen zur Gestaltung eingeräumt werden.

16. Gestaltungsleistungen

Womit man natürlich bei einem Thema aus dem Winter des vergangenen [1996] Jahres angelangt ist, um das es inzwischen allerdings weitgehend ruhig geworden ist. Ich meine die Gestaltungs- oder Satzungsleistungen für die Krankenkassen, die im Entwurf des 2. NOG vorgesehen waren für die Leistungsbereiche Auslandsleistungen, Kur und Reha, Heilmittel, häusliche Krankenpflege sowie Fahrkosten.

Es macht keinen Sinn, die Diskussion, die seitens der Krankenkassen und insbesondere von den Ersatzkassen hierzu geführt worden ist, noch einmal aufzurollen. Diese Diskussion war falsch und wäre auch heute noch falsch. Denn es ist dem Gesetzgeber in der Tat nie darum gegangen, Risikoselektion oder Risikoverlagerung durch derartige Satzungsoptionen zu ermöglichen.

Die logische Konsequenz aus diesem Diskussionsprozeß ist allerdings die, daß Gestaltungsfreiheit demjenigen, der sie meint nur mißbrauchen zu können, nicht eingeräumt werden wird.

D.h.: Durch die im Ausschuß eingebrachten Änderungsanträge werden die Vorschriften über die Gestaltungsleistungen ersatzlos gestrichen. Auslandsleistungen, Heilmittel, Kur und Rehabilitation, häusliche Krankenpflege sowie Fahrkosten bleiben unverändert als Anspruchsleistungen im Leistungsspektrum der Krankenkassen erhalten.

Die Satzungsoptionen werden den Krankenkassen im Leistungsbereich daher gerade nicht gewährt!

17. Partnerschaftsmodell

Im Gegenteil: Die Diskussion zu den Satzungsleistungen hat hinreichend deutlich gemacht, daß es darum gehen muß, die Handlungsmöglichkeiten der Krankenkassen gerade im Bereich der sog. veranlaßten Leistungen in einen partnerschaftlichen Rahmen einzubetten.

So haben in der ersten Anhörung zum 2. NOG am 04.12.1996 insbesondere die Verbände der Heilmittelerbringer klar zum Ausdruck gebracht, daß sie bereit und gewillt sind, Verantwortung für die Wirtschaftlichkeit und Qualität der Leistungserbringung in diesem Bereich zu übernehmen.

Der Gesetzgeber hat dieses Signal aufgegriffen und für die Leistungssektoren Heilmittel, häusliche Krankenpflege sowie Kur und Reha das sog. Partnerschaftsmodell vorgesehen.

Das Partnerschaftsmodell, das ich kurz am Beispiel der Heilmittel darstellen möchte, hat im wesentlichen zwei Ansatzpunkte:

(1) Die Kompetenz des Bundesausschusses Ärzte/ Krankenkassen zur Regelung der Inhalte der vertraglichen Versorgung wird für die Heilmittel konkretisiert (insbesondere: Katalog verordnungsfähiger Heilmittel; Zuordnung dieser Heilmittel zu Indikationen; Besonderheiten bei Wiederholungsverordnungen); bei dieser Willensbildung werden die maßgeblichen Heilmittelverbände auf Bundesebene stärker als bisher beteiligt.

(2) Durch Rahmenempfehlungen auf Bundesebene zwischen den Spitzenverbänden der Krankenkassen einerseits sowie den maßgeblichen Heilmittelverbänden andererseits werden Vorgaben für eine einheitliche Heilmittelversorgung vereinbart.

Mit diesem Modell wird das Ziel verfolgt, Versorgungsniveau und Versorgungseffizienz bei der Heilmittelversorgung zu verbessern. Daß das notwendig ist, dürfte vor dem Hintergrund der Steigerungsraten im Heilmittelsektor außer Frage stehen (gobal: 10,2% 1996; West: 7,9%; Ost: 27,8%).

Gleiches gilt - wie bereits gesagt - für die Bereiche Kur und Reha sowie für den Sektor der häuslichen Krankenpflege.

18. Übrige Kernbereiche des 2. NOG

Aber nicht nur durch dieses Partnerschaftsmodell, sondern auch im übrigen werden durch das 2. NOG die Rahmenbedingungen für das Handeln der Vertragspartner in der Krankenversicherung deutlich verbessert. Ich nenne nur einige der wichtigsten Themen stichwortartig:

- es wird eine neue Regelgesamtvergütung für die vertragsärztliche Versorgung auf der Grundlage fester, zu vereinbarender Punktwerte vorgesehen, kombiniert mit der vertraglichen Vereinbarung sog. arztgruppenspezifischer Regelleistungsvolumina;
- die Ablösung der bisherigen Arznei- und Heilmittelbudgets durch arztgruppenspezifische Richtgrößenvereinbarungen wird unter erheblich erleichterten Voraussetzungen noch für dieses Jahr verpflichtend für Krankenkassen und Kassenärztliche Vereinigungen vorgeschrieben. Diese Richtgrößenvereinbarungen sind wie bisher als Grundlage für die Wirtschaftlichkeitsprüfungen in der vertragsärztlichen Versorgung vorgesehen;
- die vertraglichen Gestaltungsmöglichkeiten der Krankenkassen und der Vertragsärzteschaft werden zusätzlich erweitert durch eine Kompetenz zum Abschluß von sog. Strukturverträgen sowie durch weitreichende Modellvorschriften;
- die Krankenkassen bekommen schließlich die Möglichkeit, in ihren Satzungen für ihre Versicherten Selbstbehaltstarife bzw. Tarife mit Beitragsrückgewähr einzuräumen.

Bereits dieser stichwortartige Überblick belegt, daß die neuen Gestaltungsmöglichkeiten für die Selbstverwaltungspartner beträchtlich sind.

19. Einkaufsmodell?

Daß gleichwohl - gerade aus dem Krankenkassenlager - noch viel weitergehende Forderungen auf dem Tisch liegen, ist fast schon selbstverständlich. Dabei geht es insbesondere um die Forderung, daß den Kassen die Möglichkeit eingeräumt werden müsse, Verträge nicht nur mit den Kassenärztlichen Vereinigungen bzw. der Kassenärztlichen Bundesvereinigung, sondern auch und insbesondere mit einzelnen Ärzten bzw. Arztgruppen abzuschließen.

Diese Forderung ist natürlich nicht neu und wird normalerweise unter dem Stichwort „Einkaufsmodell" diskutiert. Bundesregierung und Regierungsfraktionen sind allerdings wie bisher nicht bereit, derartige Vorschläge aufzugreifen.

Gerade die von den Krankenkassen Ende des vergangenen Jahres mit den Stichworten „Risikoselektion" und „Risikoverlagerung" geführte kontroverse Diskussion zu dem Thema der Gestaltungs- und Satzungsleistungen hat nach unserer Auffassung doch mit aller Deutlichkeit gezeigt, daß Krankenkassen im Leistungsbereich weder dazu bereit, noch dazu in der Lage sind, Optionen und Freiräume verantwortungsbewußt wahrzunehmen.

Warum sollte das also dann bei einem sog. „Einkaufsmodell" anders sein? Gerade wegen der aktuellen Diskussion vom Dezember 96, gerade wegen dieser Auseinandersetzung kommt also ein „Einkaufsmodell" keinesfalls in Betracht.

20. Begründung

Damit komme ich - zum Schluß - zu der zentralen Frage, warum Bundesregierung und Regierungsfraktionen gerade diesen, nämlich den mit dem 1. und 2. NOG eingeschlagenen Weg gehen, d.h. der Frage nach Sinn und Zweck dieses Regelungskonzeptes.

Und damit komme ich auch zurück zu dem globalen Kontext, in den die Reformen der Krankenversicherung zu stellen sind.

Die dem 1. und 2. NOG zugrundeliegenden Annahmen lassen sich mit folgenden Thesen kurz entwickeln:

(1) Das Gesundheitsversorgungssystem bzw. die gesetzliche Krankenversicherung stehen auch in unserem Land vor gar nicht zu überschätzenden Herausforderungen, auf die eine Antwort gefunden werden muß, wenn das Versorgungsniveau und insbesondere die Versorgungsqualität auch in der näheren und mittelfristigen Zukunft beibehalten werden sollen. Die demographische Entwicklung und die damit einhergehende zunehmende Multimorbidität, der medizinische und insbesondere auch der medizinisch-technische Fortschritt sowie die langfristig sich verändernden Strukturen unserer Gesellschaft sind die wesentlichen Faktoren, die für diese Zukunftsaufgabe stehen;

(2) eine - ausschließliche - Finanzierung dieser Aufgabe durch - wie bisher - ungebremst steigende Beitragssätze in der Krankenversicherung ist in absehbarer Zeit nicht mehr möglich. Ein Krankenversicherungsbeitrag von derzeit durchschnittlich 13,40%-West und 13,74%-Ost ist wegen der standortpolitischen Konsequenzen nicht beliebig bzw. uneingeschränkt steigerungsfähig;

(3) eine - ausschließliche - Finanzierung dieser Herausforderungen durch die weitere Mobilisierung von Wirtschaftlichkeitsreserven ist nicht möglich, da in den - ich sage einmal - großen Ausgabeblöcken der Krankenversicherung die Wirtschaftlichkeitsreserven vier Jahre nach Verabschiedung des GSG und vier Jahre nach der mit diesem Gesetz eingeführten stringenten gesetzlichen Budgetierung weitgehend erschöpft sind bzw. tendenziell zur Neige gehen;

(4) es muß also ein Weg gefunden werden, der

- einmal geeignet ist, auf die Anforderungen der kommenden Jahre eine tragfähige und hinreichend flexible Antwort zu geben,

- der die vorhandenen Strukturelemente sinnvoll und wirksam ergänzt,
- der sich vor allem in den sektorübergreifenden Kontext sinnvoll einpaßt, d.h. insbesondere den Faktor Arbeit nicht zusätzlich belastet und
- der den wachsenden Dienstleistungssektor Gesundheitsversorgung nicht stranguliert.

Daraus folgt: Nur durch ein neues, ein weiteres Strukturelement, nämlich nur durch eine - deutliche - Stärkung der Eigenverantwortung der Versicherten und Patienten ist es möglich, den Herausforderungen der Zukunft für die Krankenversicherung zu begegnen, wenn man die vier soeben genannten Thesen akzeptiert.

Dies allemal dann, wenn - wie in den Beratungen der Regierungsfraktionen im März diesen Jahres geschehen - eine Konsensbildung zum Modell eines floatenden Arbeitnehmeranteils am Krankenversicherungsbeitrag als Option für jede einzelne Kasse wegen der damit verbundenen grundsätzlichen Fragen nicht möglich ist.

Daraus folgt: Nur durch eine deutliche Anhebung von Zuzahlungen wird es möglich sein, diese Ziele zu erreichen; denn dadurch wird dreierlei erreicht:
- nämlich eine Erhöhung der Steuerungsfähigkeit bei der Leistungsinanspruchnahme;
- eine Erhöhung der Anreize für mehr Wirtschaftlichkeit im System sowie
- die Erschließung zusätzlicher finanzieller Ressourcen.

Und genau dies wird mit den Entscheidungen des 1. und 2. NOG erreicht.

(5) Eine tragfähige Alternative zu diesem Ansatz der Neuordnungsgesetze ist nicht erkennbar. Denn:

- Eine globale einnahmeseitige oder ausgabeseitige Budgetierung führt zwangsläufig zu einem immer mehr absinkenden Versorgungsniveau und damit letztendlich zur schleichenden Rationierung. Dies wird schon dann besonders deutlich, wenn man sich die Frage vorlegt, was eine globale einnahmeorientierte Budgetierung der

Ausgaben in der Krankenversicherung im Jahr 1997 bedeuten würde. Und zwar würde das konkret bedeuten, daß alle Ausgaben in West nur um 0,5 bis 1% bzw. in Ost nur um 1 bis 2% zunehmen dürften. Ein Wert, der beispielsweise vor dem Hintergrund der Probleme in der stationären Versorgung völlig illusorisch ist.

- Dasselbe gilt im übrigen für sektorale Budgetierungen, wie ja gerade die Erfahrungen in der stationären Versorgung bzw. im Arznei- und Heilmittelsektor gezeigt haben.
- Zudem wird durch eine sektorale oder auch globale Budgetierung der Weg zu immer mehr Staat und damit immer mehr Bürokratie, d.h. der Weg in eine immer höhere Regelungsdichte und Regelungsintensität vorgezeichnet, da nur durch staatlichen Dirigismus eine stringente Budgetierung effizient durchgesetzt werden könnte.
- Schließlich würden durch eine stringente Budgetierung wirtschaftlich sinnvolle Wachstumseffekte auf dem Dienstleistungssektor Gesundheitsversorgung verhindert, die gerade vor dem Hintergrund der Lage auf dem Arbeitsmarkt mehr als sinnvoll sind.
- Und zum guten Schluß: Leistungsausgrenzungen in einem Umfang, der zur Lösung der anstehenden Fragen erforderlich wäre, wären für die Patienten und Versicherten weder zumutbar noch wäre ein derartiger Ansatz im Bundestag und im Bundesrat durchsetzbar.
- Das gilt natürlich auch für das beliebte Thema der sog. versicherungsfremden Leistungen. Denn eine Lösung der anstehenden Fragen durch eine Umfinanzierung kann nur dann ernsthaft diskutiert werden, wenn gesagt wird, welche der sog. versicherungsfremden Leistungen entweder ersatzlos entfallen sollen oder wer derartige Leistungen denn in Zukunft finanzieren soll, wenn es nicht mehr über den Beitragssatz der Krankenversicherungen geschieht.

Damit komme ich am Schluß zu den Perspektiven der sozialen Krankenversicherung für die nächsten Jahre.

Sicher ist richtig, daß in Zukunft Selbstbeteiligung und Eigenverantwortung einen deutlich höheren Stellenwert in der Krankenversicherung bekommen werden als bisher. Der soziale Aspekt kommt aber gerade hierbei nicht zu kurz, da - wie ich gezeigt habe - die Härte- und die modifizierte Überforderungsklausel mit der Chronikerregel für die Zumutbarkeit dieser Selbstbeteiligungen sorgen werden.

Richtig ist aber auch, daß auch in Zukunft die soziale Krankenversicherung in Deutschland durch die Elemente Subsidiarität und Solidarität geprägt sein wird.

Subsidiarität schon deswegen, weil es ja gerade erklärtes Ziel und Prinzip der Neuordnungsgesetze ist, Entscheidungen auf die Selbstverwaltungen der Ärzte und Krankenkassen zu verlagern, in der ja unbestreitbaren Annahme, daß gerade in der Gesundheitsversorgung viele der zentralen Entscheidungen am besten von Selbstverwaltungen getroffen werden können, nicht aber vom Staat.

Es kommt daher jetzt darauf an, daß genau diese Selbstverwaltungen auf welcher Ebene auch immer die ihnen eingeräumten Kompetenzen und Optionen zukunftsorientiert wahrnehmen.

Und natürlich bleibt auch für die Zukunft das Prinzip der Solidarität das tragende Element der sozialen Krankenversicherung.

Die These, die solidarische Absicherung werde durch das 1. und 2. NOG ausgehöhlt, geht nämlich im Kern an der Sache vorbei. Dies schon deswegen, weil durch die Anhebung der Zuzahlungen durch das 2. NOG um 5 DM bzw. 5% der von den Mitgliedern der Krankenversicherungen zu tragende Anteil an den direkten Gesundheitsausgaben nur um 1,1 Prozentpunkte verlagert wird. D.h. in Zukunft tragen die Arbeitnehmer - unter modellhaft konstanten Ausgaben - 53% der Ausgaben und die Arbeitgeber in Zukunft 47,0%. Bisher trugen die Arbeitnehmer 51,9% und die Arbeitgeber 48,1%. In diesem Zusammenhang von einer Aufgabe oder gar einer Abkehr von der solidarischen Finanzierung zu sprechen, ist schlicht und ergreifend fehl am Platze.

22. Schluß

Auch für die Zukunft wird also eine soziale Krankenversicherung, so wie wir sie kennen, Garant für die medizinisch ausreichende Versorgung der Versicherten und Markenzeichen unserer sozialen Marktwirtschaft sein.

Allerdings war und bleibt auch richtig, daß das Soziale in unserer Krankenversicherung bzw. in unseren sozialen Sicherungssystemen nicht mit dem Bewahren und Verfestigen von Besitzständen verwechselt werden darf.

Denn nur dann, wenn es gelingt, die soziale Krankenversicherung so zu reformieren, daß sie auch auf Veränderungen in Zukunft und Gegenwart hinreichend flexibel reagieren kann, wird die soziale Krankenversicherung die ihr zu wünschende Zukunft in unserem Lande haben. Und dazu sind das 1. und 2. Neuordnungsgesetz ein notwendiger Beitrag.

Referenten

Ministerialdirigent Dr. *Ulrich Orlowski*

Leiter der Unterabteilung Krankenversicherung
im Bundesministerium für Gesundheit, Bonn

Prof. Dr. *Gerhard A. Ritter*

Institut für Neuere Geschichte
Ludwig-Maximilians-Universität München

Prof. Dr. *Lothar Roos*

Seminar für Christliche Gesellschaftslehre
und Pastoralsoziologie
Rheinische Friedrich-Wilhelms-Universität Bonn

Prof. Dr. *Winfried Schmähl*

Zentrum für Sozialpolitik
Universität Bremen;
Vorsitzender des Sozialbeirats

Prof. Dr. *Joachim Wiemeyer*

Professor für Sozialpolitik und Politikwissenschaft
Katholische Fachhochschule Norddeutschland,
Osnabrück

Teilnehmer

Kurt *Adam*, Mönchengladbach
Dr. Cyprian *Aginah*, Augsburg
Prof. Dr. Arno *Anzenbacher*, Mainz
Günter *Baadte*, KSZ, Mönchengladbach
Monika *Bartsch*, CDU-Ratsfraktion, Mönchengladbach
Prof. Dr. Alois *Baumgartner*, München
Hannelore *Bayer*, Mönchengladbach
Dr. Paul *Becher*, Bonn
Dr. Gerhard *Beestermöller*, Institut für Theologie und Frieden, Barsbüttel
Dr. Clemens *Breuer*, Aystetten
Dr. Helmut *Broy*, Mönchengladbach
Prof. Dr. Günther *Buhlmann*, Mönchengladbach
Dipl.-Pol. Manfred *Bunte*, Bildungswerk der Nordrhein-Westfälischen Wirtschaft, Düsseldorf
Hermann *Cohnen*, Mönchengladbach
Father Michael *Diochi*, Bonn
Marianne *Dohmen*, Mönchengladbach
Dipl.-Theol. Christina *Drepper*, Denzlingen
Prof. Dr. Leo J. *Elders*, Kerkrade/Niederlande
Ulrich *Elsen*, Mönchengladbach
Prof. Dr. Gregor *Eßer*, Mönchengladbach
RA Wolfgang *Feinendegen*, Mönchengladbach
Marelies *Feinendegen*, Mönchengladbach
Dipl.-Kfm. Georg *Fell*, Erkelenz
Wolfgang *Fischer*, Bonn
DDr. Philipp *Fluri*, Balsthal/Schweiz
Prof. Dr. Karl *Gabriel*, Osnabrück
Prof. Dr. Norbert *Glatzel*, Freiburg
Dipl.-Theol. Nils *Goldschmidt*, Freiburg
RA Dr. Günter *Greitemann*, Köln
Prof. Dr. Anton *Hajduk*, Bratislava/Slowakische Republik
Monsignore Rudolf *Hahn*, Erpel
Helmut *Harbich*, MdL, Mönchengladbach
Prof. Dr. Marianne *Heimbach-Steins*, Bamberg
Josef *Helmrath*, Mönchengladbach
Prof. Dr. Manfred *Hermanns*, Buchholz
Dr. Helmut *Hesselbarth*, Mönchengladbach
Prof. Dr. Hans-Joachim *Höhn*, Köln

Fredy K. *Hollenbach*, Niederkrüchten
Rita *Hollenbach*, Niederkrüchten
Generalmajor a.D. Hans *Hoster*, Mönchengladbach
Dr. Thomas *Hoppe*, Institut für Theologie und Frieden, Barsbüttel
Dr. Hans-J. *Jacobs*, Verlag Ferdinand Schöningh, Paderborn
Hermann *Jansen,* MdL, Mönchengladbach
Prof. Dr. Helmut *Juros*, Warschau/Polen
Dr. Heinz-Gerhard *Justenhoven*, Institut für Theologie und Frieden, Barsbüttel
Prof. Dr. Wolfgang *Klein*, Osnabrück
Dr. Gert *Kloeters*, Mönchengladbach
Katja *Kloeters*, Mönchengladbach
Peter *Kolakowski*, Deutsche Welle, Köln
Dr. Peter *Langhorst*, Hagen
Prof. Dr. Albrecht *Langner*, Mönchengladbach
Prof. Dr. Dieter *Larbig*, Mönchengladbach
Marlies *Larbig*, Mönchengladbach
Monika *Lennartz*, KSZ, Mönchengladbach
Dr. Elke *Mack*, Institut für Wissenschaft und Ethik, Bonn
Rainer *Manns*, Institut für Soziale Bildung im Bistum Essen, Gelsenkirchen
Weihbischof Prof. Dr. Reinhard *Marx*, Paderborn
Dr. Heinz Josef *Massenkeil*, Mönchengladbach
Prof. Dr. Gerhard *Merk*, Siegen
Karin *Michel*, Mönchengladbach
Dr. Karl-Georg *Michel*, KSZ, Mönchengladbach
Prof. Dr. Waldemar *Molinski*, Wuppertal
Kaplan Hillary *Muotoe*, Bonn
Dr. Annalies *Müller*, Mönchengladbach
Honorarkonsul Dr. Erwin *Müller*, Mönchengladbach
Margot *Müller-Schmid*, Mönchengladbach
Dr. phil.habil. Peter Paul *Müller-Schmid*, KSZ, Mönchengladbach
Dr. Ursula *Nothelle-Wildfeuer*, St. Augustin
Reinhard *Nixdorf*, Deutsche Tagespost, Würzburg
Father Casimir *Nzeh*, Bonn
Prof. Dr. Wolfgang *Ockenfels*, Trier
Father Callistus *Onaga*, Bonn
Dr. Felix *Onwukike*, Augsburg
Margret *Paschen*, KSZ, Mönchengladbach
Rainer *Paschen*, Mönchengladbach
Prof. Dr. Heinrich *Pompey*, Freiburg

Dr. Hans-Thomas *Pospischil*, Freiburg
Prof. Dr. Anton *Rauscher*, KSZ, Mönchengladbach/Augsburg
Dipl.-Theol. Johannes *Rehner*, Bonn
Ministerialdirigent a.D. Elmar *Remling*, Sekretär der Kommission VI der DBK, Bonn
Dipl.-Theol. Alexander *Saberschinsky*, Trier
Dr. Klaus-Dieter *Schmidt*, Bonn
Günter *Schmitz*, Mönchengladbach
Dr. Wolfgang *Schmitz*, Wien/Österreich
Prof. Dr. Lothar *Schneider*, Regensburg
Prof. Dr. Michael *Schramm*, Erfurt
Oberstudienrat Johannes *Schroers*, Mönchengladbach
Studienrat Walfried *Schubert*, Mönchengladbach
Hubert *Schüler*, Mönchengladbach
Pfarrer Dr. Ulrich *Sellier*, Lenzerheide/Schweiz
Joachim *Sikora*, Katholisch-Soziales Institut, Bad Honnef
Prof. Dr. Manfred *Spieker*, Osnabrück
Bürgermeister Hans Günter *Steins*, Mönchengladbach
Dr. Hans *Tremmel*, München
Hans *Wenderoth*, Rheinische Post, Mönchengladbach
Dr. Günter *Wilhelms*, Eichstätt
Dr. Albert *Wohlfarth*, Denzlingen
Josef *Zolk*, Bundesministerium für Arbeit und Sozialordnung, Bonn

Mönchengladbacher Gespräche

Bisher sind erschienen:

Band 1: Christliche Soziallehre unter verschiedenen Gesellschaftssystemen. 1980

Band 2: Soziallehre der Kirche und katholische Verbände. 1980

Band 3: 90 Jahre Rerum novarum. 1982

Band 4: Alternative Ökonomie? 1982

Band 5: Soziale Verantwortung in der Dritten Welt. 1983

Band 6: Die Arbeitsgesellschaft zwischen Sachgesetzlichkeit und Ethik. 1985

Band 7: Menschenrechte und nationale Kultur. 1985

Band 8: Armut im Wohlfahrtsstaat. 1987

Band 9: Mehrheitsprinzip und Minderheitenrecht. 1988

Band 10: Christ und Politik. 1989

Band 11: Dynamik der Wirtschaft. Aspekte und Aufgaben des Strukturwandels. 1990

Band 12: Katholische Soziallehre im politischen und gesellschaftlichen Prozeß. 1990

Band 13: Christliches Menschenbild und soziale Orientierung. 1993

Band 14: Probleme der sozialen Sicherungssysteme. 1993

Band 15: Welche Zukunft hat die Familie? 1995

Band 16: Steuergerechtigkeit. 1995

Band 17: Gesellschaft ohne Grundkonsens? 1997